于美人

放手，是最好的祝福

Happiness *is* letting go

［序］

滅絕師太　蛻變再蛻變

閻驊

在遙遠的二十三年前（一九九二年），我犯下了三大錯誤。首先，大學尚未畢業的我居然成為台北南陽街知名補教老師：于美人的家庭教師，不過我不教她國英數理，而是教她行銷管理。

其次，于美人當時面貌清秀、身材苗條，甚至還有點神似當時最紅的蘇慧倫，但我卻稱她為滅絕師太，因為我覺得她當時的個性跟痛恨愛情與家庭的滅絕師太有些神似。

至於我犯下的第三大錯誤就是我在離職前夕跟于美人隨口講了一個小故事，話說哲學家康德臨終時，他的門徒把康德這輩子最重要的三本哲學巨著擺在康德的病床前，康德看了看那三本書，流下淚來對身旁的人說：「如果這三本書是一個小孩有多好！」其實這個故事很平凡，當初我以為我隨便講講，她就隨便聽聽，只是萬萬沒想到她把這個故事擱在心上好多年，最後修成正果、脫離滅絕師太的身分，結婚生子，成為龍鳳胎的母親，從此過著人人稱羨、家庭幸福的好日子。

雖然我犯了這三大錯誤，但我依舊是于美人的好朋友，因為我不喜曝光，所以我就兼任她從不曝光的幕僚將近十年，負責她的出版事業與網路事業，希望她比康德還要風光，除了擁有龍鳳胎的成就要遙遙領先康德，在出版領域的「巨著」數量也要與康德並駕齊驅！後來我發現她開始信奉「關公」，所以我偶爾也會負責她的「公關」業務，或許讀者們不知道關公與公關之間的邏輯為何？不過那就是我與于美人可以相處二十三年的模式，「沒邏輯的事情總是會出現靈光乍現的邏輯，有邏輯的事情總是會被扯到沒邏輯！」

二〇一三年三月，于美人婚變了。我猜「案發」那天我應該是前幾位被告知的人，老實說，我在第一時間非常難過！因為于美人是我好朋友，但是我也必須坦承James也曾經是我無話不說的好朋友。好朋友與好朋友發生了衝突，我除了勸架之外，似乎也只有各賞八十大板的份，但我才疏學淺，我自認我會把魯仲連的角色不小心飾演成魯肉腳，所以我在當下就決定絕不介入這場婚變，不發表任何意見，同時也退出跟于美人有關的出版、網路與公關事業。

那時我許了三個願，算是二十三年前我那三大錯誤的補充版，一、我期待這次婚變可以善緣善了，就算過程再怎麼狗屁倒灶，但還是要有所學習。二、我希望于美人不要再走二十三年前的回頭路，又重新變回滅絕師太，因為滅絕「師太」這種女人實在是太「失態」了！既然婚變如此痛苦，痛苦會使人消瘦，那是否能藉由這次痛苦的婚變來減肥塑身，還我二十三年前的蘇慧倫嗎？（握拳）。三、雖然我已經不再跟于美人在出版事業上合作，但我還是希望她可以繼續在出版業發光發熱，既然在龍鳳胎出生的那刻，她已經小勝康德一籌，如果未來還能生出更多「巨著」的話？那于美人在幾十年後的墓誌銘上，就有機會題上「完勝康德」這四個大字。所以我也決定開始保養身體、勤練書法、學習篆刻，希望未來這四個大字是由我來操刀。

總之，這本《放手，是最好的祝福》是我唯一沒參與到的美人姊「巨著」，我相信這一定是本可以暢銷、又可以讓普羅大眾有所學習的好書！為何我會做此大膽預測呢？我想依舊要扯到二十三年前的三大錯誤。

首先，于美人姊願意把自己所經歷的「狗屁倒灶事件簿」，集結成冊攤開給大家看！這是一個極大的勇氣！可見她二十三年前的行銷管理老師（其實就是我）真的教得很好！所以我要引用享譽國際兩千五百年的行銷大師：Lear*說的這句話「Danger is the next neighbour to security.」來祝福這本書。Lear的名言可以解釋我們的人生百態。三個好球不打會摸摸鼻子被三振，四個壞球不打，會翹起鼻子被保送上壘。好與壞、福與禍原本就是一體兩面，就看您如何去看、如何去面對？

其次，于美人在婚變發生不到一年內，就已經履行我的「還我蘇慧倫」心願，這無疑代表她真的已經走出來了！而且是體態輕盈地走出來。雖然她被婚姻的荊棘所傷，流過許多血、受過很多傷，但從婚姻走出來之後，卻能減掉許多油、擠掉很多肉！這難道不是好事一樁嗎？所以各位鄉親啊～您忍心不推薦這本《放手，是最好的祝福》嗎？

最後，還是忍不住又要把德國大哲學家：康德搬出來，再度為于美人助陣。雖然于美人此生很有機會「完勝康德」，但我還是希望她能效法康德，成為一位哲學家、而且還是人生哲學家。哲學就是探索真理，既然是真理，就代表一定是見仁見智！所以身為一位哲學家，一定要有勇氣把自己攤出來，分門別類、井然有序地搬出來讓大家分享。如果有人閱讀此書而有所收穫，這本《放手，是最好的祝福》也許就是真理之書，如果有人看不太懂，這本《放手，是最好的祝福》就是哲學之書。如果有人嗤之以鼻，那這本《放手，是最好的祝福》就是狗屎之書。但這都無所謂！至少這本書已經決定要上市了！我覺得過程比任何事情都重要！在此祝福于美人，也感謝蘇慧倫、康德與大師Lear以及滅絕師太。

閻 驊寫於二〇一五年八月十二日

＊Lear就是道家宗師：老子李耳，「Danger is the next neighbour to security」就是「禍兮福之所倚、福兮禍之所伏」的英文翻譯。

目錄 CONTENTS

PART 1

這一天，開始單身

PART
2

曾經走過，沒有對錯

PART 3

點亮心中的燭光

PART 4

正視自己，回歸純真

PART 1

這一天，開始單身

再給人生一次新機會

你好，我是于美人2.0

珍・奧斯汀的《傲慢與偏見》，裡頭有一句話：「婚姻生活能否幸福，完全是個機會問題。」（Happiness in marriage is entirely a matter of chance.）

婚姻就是兩個不認識的陌生人，從不認識彼此到認同對方、包容對方。走入婚姻後，我認識了真正的他，他也認識了真正的我，但最後我們還是背對背離開了。原因我終於明白了，是我的問題，因為我從不認識真正的我。

過去我盡我所能希望滿足他的要求，來成為他心中的那個于美人。所以我漸漸戴上了面具、背起了包袱，最後甚至穿上了潛水裝，讓真正的我沉下去。

婚姻只有結局的好壞，沒有對錯。但如果要有對錯，那也是我的問題。是我無法成為他心中完美的另一半。

結束了，是他的開始。也是我脫掉潛水裝，讓真正的我浮上來的時候。我很感謝他，也祝福他。

現在的我，看到了不一樣的世界，沒有了面具，沒有了包袱。重新開始認識這個于美人2.0。我自己有時會被不一樣的自己嚇一跳，但我很喜歡，也很開心。希望你們也能喜歡新的于美人2.0。

離婚之後，我想做一件以前自己不敢做的事情，所以三個月前，我跑去學了游泳。

雖然我有恐水症，但克服害怕離婚的恐懼之後，好像學其他東西就覺得沒有那麼難、也沒什麼可怕的。心態開放了，就勇於去接受新的自己、新的嘗試跟新的可能，不要用排斥的心情去看它。

我告訴自己：「沒關係，現在是新的于美人，所以她可以接受新的東西。」

在水裡的時候，我只要專注於呼吸換氣，泳池的水給了我安全感，我知道，自己只是接受了，接受了改變，如同接受我的婚變。

萬物有定時，聚散也是

「生有時，死有時。聚有時，散有時。聚散從不遂人願。」這是我從《傳道書》中所領悟引申出的道理。

曾經，我很恐懼兩個人的婚姻走到結束，因為害怕即將面對獨自一人的孤寂；也曾經在婚變過程中有著很多情緒：自責的、憤怒的、悲傷的、自怨自艾的……

後來我的朋友季聲珊對我說了一句話：

「人不要執著在極致的快樂，也不用害怕悲傷的到來。現在產生的所有的情緒都是自己給自己的二次傷害。」

當時她面臨丈夫驟逝，原本我約了她吃飯想安慰她，結果反而是她安慰了我。

那陣子，除了處理與前夫的關係及官司，面對媒體和輿論，我受到了許多撻伐與不公平看待，我們的社會離婚率極高，但對離婚者的歧視卻也不遑多讓，很多離婚婦女，都會經歷像我一樣的過程：自我否定、被否定，覺得自己一定是不夠好，或者有哪裡做得不好，才會連婚姻都無法維持。

「人生其實很失敗，只要婚姻維持著，那他就成功了。」這是為什麼很多人寧願死撐在那裡、不願意離婚的原因，似乎只要勉強維持住婚姻的「外殼」，有很多藏在裡頭的問題就不用被看到，也不會被檢討。

所以那時候我有很多階段的憤怒情緒，第一時間是生氣對方：你怎麼可以這樣對待我？第二是氣自己：我怎麼可以讓人家這樣對待我？直到後來季聲珊的話讓我明白，多少的情緒都是自己給自己的二次傷害。

後來我的心態就轉變為感謝，感謝我還有這個機會，可以去游泳、去健身，去做很多想做的事；我還來得及疼我自己一陣子，是好一陣子，而不只是一陣子。

尋找安住的自己

婚姻沒有所謂的成功不成功，它是永遠的進行式。它一直在變的。不要為了別人膚淺的眼光，失去了自己的深度。

真正勇敢的人是走完人生全程的人，離婚與否只是選擇的路不同。不離婚的人其實是選擇一條更難走的路。

「不迎不拒即是安住。」在整個婚變的過程，我一直在用這句話來思考我自己。

對事情或情緒皆能不迎不拒，讓自己的反應很少、只有一點點，不過度反應，就能使自己安定下來，維持在一個穩定的狀態，穩定才能深思。

如果你還在婚姻裡面，你也要練習對情緒不迎不拒，不拒絕那個悲傷的情緒，也不特別去創造誇張的快樂；讓情緒不迎不拒，你就可以安住在那個情緒裡面。其實這是很困難的。

婚姻不如意時，難免會想到「是不是要離婚？」做為解決問題的選項之一。但我要告訴你們，如果你現在不確定自己要不要離婚，我會勸你不要離，因為你會離不掉、離不成。離婚是一件毫無懸念的事情，你必須得有退此無路可走的決心。

要是你仍有猶豫躊躇，那就是時機還沒有到。如果在婚姻當中，你已感覺快要不能呼吸，再不浮出水面就會窒息，那或許就是時機到了。

一次我到威尼斯參加米蘭家具展，認識了方董，聊天中得知，他和老婆已經結縭四十載。

我問他說：「都是跟同一個人嗎？怎麼能維持婚姻這麼久？」

方董回答我說：「因為對手太強了。」

我聽了，好想拜見這位厲害的「對手」，於是我就認識了阿嬌姨，她現在快七十歲，跟我一樣五十歲開始學游泳，也是她幫我找了很好的教練，全程陪我上課練習。

我曾經向阿嬌姨請教她維持婚姻的訣竅，她對我說：「婚姻就是事業，妳不可以任意發洩自己的喜怒哀樂，就像妳在公司還是會克制自己的情緒。」

現在想想，這不也就是「不迎不拒即是安住」的道理嗎？

如果你害怕離婚，是因為擔心自己無法承受孤寂，我想告訴你，兩個人的寂寞比一個人的孤單更可怕。

離婚後的空虛寂寞跟無依，往往會讓人產生很多想法，你會想像出一些依靠，以為別人會給你依靠，但不是的，你要先想像出安住的自己，慢慢地你就會冷靜下來，覺得自己充滿了機會，充滿了新生的動力。

名女人也會痛

我婚變之後，很多朋友才跟我講實話，告訴我，他們過去跟我相處有多困難；我變柔軟後，大家也知道我根本沒那麼神，這讓他們有空間，把跟我相處的真實感受講出來，我才知道自己以前多笨。雖然整個過程處理得很難看、很糟糕，但最後的結果是好的，因為這讓我有了重新反省自己的機會。

以往大家所認知的于美人，是個厲害的名女人，她很強勢，她的事業很成功，也把婚姻與家庭照顧得很好，可是婚變的消息一爆開之後，各種輿論、各種聲音都出現了，而且，竟然幾乎一面倒地撻伐我。

我是一個公眾人物，所以必須承受大眾的眼光與指教，這無可避免，但令我感到好奇的是，為何一個女性公眾人物的婚變，會引發那麼多情緒反應？

記得那時，我有一天去買旗袍就不小心聽到，有婆婆媽媽說：「她就是都只對自己媽媽好，不對公婆好，難怪會被離掉。」大家似乎都把自己的情感投射進去，把對完美女性的形象投射在公眾人物身上，但自己卻不一定做得到。有人認為，女人就是太追求工作成就，所以才婚姻不幸福；就是因為太太很成功、很強勢，所以先生才壓力很大。

每個人的看法不同，我都可以接受，但是為什麼，強勢的一方就一定是錯？社會似乎不允許像我這樣的女人喊痛，不允許我脆弱。難道大家以為的名女人，就不會經歷許多女性都曾經歷過的痛嗎？

就像全世界同一個時間，或許有五百萬個女人正在經痛一樣；你今天的痛，于美人也痛過，我今天的痛，之前一定也有很多人痛過，並不會因為我是于美人，不會因為我在事業上有一點成就，就比較不痛，就比較不會受傷。其實，都是一樣的。

打開傷口，面對過往

以前的我，總認為做什麼事都有方法、有規則；遇到別人有困難，我總是好為人師。但是，在離婚這件事情上，我不要再去做一個指導者，我也不適合。我唯一能幫助跟我有相同經歷的人的方式，就是把我的傷口打開給你看，把疤痕打開給你看，告訴你，這終究會結痂的，你還是可以活的。

在新聞報導之外、在法庭之外，在很多大家看不到的地方，我也經歷了許多亂七八糟的過程，大家所以為的我的專業形象，跟我的真實生活是有落差的，真正的于美人在那段時期，就只是一個無助、愛哭、非常易碎的靈魂。于美人沒有你想像的這麼厲害。

如果你覺得自己處理得很糟糕、覺得不知道該怎麼才能走出來，那我要告訴你，你現在經歷過的這些東西，所謂「成功的于美人」她也經歷過，她處理得更糟，你沒有很糟，你處理得不會比公眾人物更糟。

這些都是一定會經歷到的過程，你不要害怕，就是一步一步地往前走，尋求朋友的陪伴、尋求專業人員的幫忙，你會走過來的，你會再找回自己的肯定，如果你自己不肯定你自己，別人只會把你踩得更低。有我、有許多許多人都跟你一樣，是從傷痛中一步一步走出來，並試著用另一種不同的角度，重新去看自己未來的人生。

其實到現在，我還是沒有完全走出來，不會有什麼傷是「咻」地一下子馬上就好了，連疤也不留，有時我也還會耽溺在過去的情境中。但是從婚變中，我學到一個重點，就是任何事都不要太過主觀地去看，這也是這本書之所以會找許多朋友來聊的原因。如果由我自己來寫，難免會有太多的情緒在裡面，所以我找了一些朋友，請他們談談當時所觀察到的于美人，這是一種客觀，也是一種再一次的自我檢視。

在這本書裡，我只是想呈現遭遇婚變的婦女會遇到的各種狀況，把自己經歷過的一切攤開給大家看，如果有人在裡面得到方法或幫助，那是他自己的東西。因為今天你是三十五歲離婚，跟五十歲離婚，你考慮的東西是不一樣的；如果你的小孩是三歲，跟你的小孩是十三歲，你的心境也不一樣；所以，沒有一個固定的方法能幫助所有的人過去，每個人都有每個人要走的路。

只要相信，不管路上的荊棘再多，流過的血、走過的傷，都會有痊癒的一天；祝福曾經受傷或仍在療傷的你，可以勇敢迎接屬於你的新生。

走出法庭之後

◎賴芳玉（律師）

美人說……

二〇一四年十二月十三號判決離婚的那一天，我和賴律師到法院開庭，才開到一半，她就對我說：「美人，妳離婚了耶。」

當下我聽不懂，明明還在開庭中啊。可是賴律師已經知道，這庭一定判離、一定離得成。因為是對方訴請離婚的，我只要認諾，就離成了。

我還記得那一天剛好是十三號星期五，在我五十歲的時候，十五年的婚姻就此畫下了句點。

那陣子，我只要出庭一次、就瘦一圈，我戲稱是「出庭減肥法」。

大家覺得我狀況變好了，因為我沒垮掉。但我那時候心裡想著，自己一定要重新站起來，才會有機會平反，才能讓大家想想：過去是不是誤會于美人了？

回想婚變之初，我並沒有打算找律師，認為自己可以解決，直到小孩從學校被接走之後，我才正式委託了賴律師，申請限制小孩出境，她也提供很多法律上的諮詢。

賴律師一直以來都是給人信賴感很深的律師，不只因為她的專業，也因為她能感同身受每一位當事人的心情，特別是女性。

那段時間，賴律師不只在法律上給我很多支持，情緒上也是，她會給我安慰，也幫助我冷靜下來；而且她是真心為妳打算的律師，會很清楚告訴妳，妳要得到什麼、要不到什麼，沒有全贏的。相信她所提供的專業建議，可以給大家不少幫助。

衝破困境的那份力

看見真實的美人

記得，美人婚變的消息傳開之後，當時的輿論一面倒地譴責她，媒體上的爆料放話也有很多扭曲，但我認為那個時機點不適合再發言，身為主持人卻無法替自己辯解，讓她很痛苦。她告訴我：「我必須毀掉以前的于美人，把過去的包袱拿掉，才可以浴火重生。」

她很清楚過去的于美人是被大家定義出來的，其中有很多是別人對她的想像和期待，她認為不該再背負著那個形象走自己人生的路。

「我必須要讓人家看見真實的我，真正的我才會被看見。」所以她不打算繼續逞強，哭就是她的情緒，憤怒就是她的感受，為什麼不能真實地表達？

「如果你現在還是喜歡我、支持我，我真的很謝謝你，如果你不再喜歡我，我也尊重你。」她公開對粉絲這樣說。

這不是所謂媒體語言，而是真實感受，她覺悟到做自己才是最重要的，不需要討好所有人。

人我關係裡，有很大部分是透過別人來定義自我，當別人過去對你的定義都被否決時，我們就會對自我產生懷疑，要跳出來面對這些，我認為是很大的挑戰，也不認為當時的她已經準備好了，但她卻已經付諸行動了。

美人很少誇耀自己，總是自謙今天能有一些成就，都是因為一路上有貴人相助，總是心懷感恩，這就是她的正面能量，把周遭的人都當作光；有些光讓人看透一些事，有些光給人溫暖的力量。無論批評或鼓勵，她都坦然接受。

義氣又熱心的姊姊

在螢光幕前，「于美人」深受婆婆媽媽喜愛的幸福形象，其實是一個被大眾拱出來的包袱，那並不是于美人的全部，她還有許多其他面向，應該被肯定。她一直很受歡迎、很有影響力，也帶著善念在做許多事情。記得以前她主持《美人晚點名》，訪問到弱勢家庭時，常常直接把主持費捐贈給他們。

美人是一個動作很快、做善事很有行動力的人，從不吝惜對身邊的人伸出援手。

大家口中的「美人姊」就是一個值得依靠的大姊姊，大家也很習慣把很多責任往她身上推。過去有幾次具爭議的社會事件，例如補教名師的緋聞……等等，只要她認為該出面的，她就會挺身而出。

她的成長經驗，把她訓練成一個習慣扛責任的人。于媽媽是個遇到困境還是會帶著小孩一起度過難關的母親，這讓她學習到，把事情做好最重要，有時間喊苦，不如趕快把問題解決吧！

遇見這樣義氣又熱心、有擔當又有能力的大姊姊，誰不想靠過去？她在顛峰時期就是這樣的形象，行程表永遠都是滿滿的。除了工作滿檔，朋友也把她填滿，大家需要幫忙時總是會想到她；對周遭的朋友來說，她就是一根可靠的柱子。

在外面是這樣，回到家裡，她也是家庭的支柱，即便有許多不圓滿的地方，她對家人始終很負責任地把一切扛下來。但她畢竟是一個人不是神，總會有覺得累的時候、扛不住的時候，他們的婚姻就是在這種緊繃的情況下，一瞬間擦槍走火！因為彼此都還沒準備好，根本來不及應變，就讓一切在媒體面前失控了。

女強人的處境

平心而論，有很多事情對美人是不公平的。很多人批評她太強勢，但她一直是一根支柱，當她表現脆弱時，反而被嘲諷太脆弱，因為大家都沒辦法接受，柱子也有傾斜無力的時候。

將心比心，如果是妳遇到這種狀況，能不崩潰、不哭泣嗎？但因為她是于美人，就被期望要理性、堅強；若是她真的強忍住淚水，或許又被另一群人批評冷血，似乎怎麼做都不對。

台灣對於女強人面對婚姻失敗時的表現，有一定的期望公式，覺得妳怎麼會沒有做好？妳怎麼可以哭？怎麼可以吶喊？……這對她們來說非常不公平。甚至可以說，整個社會對婚姻失敗的女性，看待的方式都並不公平。

我問她：「妳體會到說的話沒人要聽，就算說了也被曲解的感覺了吧？」

這就是我們在處理離婚案子時，大多數女性的處境。她們不只被夫家辱罵，娘家親友也不相挺，彷彿一切過錯都是因為妳不是個好太太，才會讓婚姻觸礁。

沒有經歷過這些事的人，都會告訴在婚姻中受挫的女性，「妳應該要怎麼做、怎麼說……」但是一旦自己真正碰到問題時就知道，很多時候就只能啞口無言、百口莫辯。

情緒下依然堅強

一路陪伴美人走過離婚官司，我相信有很多法庭對峙的畫面，她可能至今回憶起來仍會心顫；無論外表多堅強，她跟其他離婚婦女一樣，正經歷著撕心裂肺的痛。

當法官問到，婚姻生活中有什麼最美好的記憶？美人講到了全家出國旅遊一年的往事，臉上不自覺露出一抹笑意，彷彿掉進回憶中，訴說著旅途中的種種。

那個時期，美人其實正處在事業顛峰期，為了家人，寧可暫時放下工作，消失在螢光幕前長達一整年的時間；她負擔全家旅遊的開銷，還賭上不知能否回得來的演藝事業，甘之如飴，因為她對自己有足夠的信心，知道自己有重新出發的本事，趁著休假期間努力充電。果然，一年後她不僅回到原來的舞台，還接連開了幾個新節目《國民大會》、《非關命運》……讓她的事業又衝上另一個高峰。

每個人有各自不同的感受，我們很難評論；但我看見的是成功者總是能在困境中看到正面的力量，而非擔憂和抱怨，被負面情緒所綑綁。

在法庭上，美人會盡力陳述、回答法官的問題，沒有太多的怨恨和憤怒，也不太攻擊對方，頂多僵持不下時，忍不住問對方：「你到底要怎樣嘛？」

我覺得要做到這樣真的不容易，她當然也有很多負面情緒和感受，但還沒整理好就被曝光在媒體上，尤其新聞媒體爆出來的畫面裡，這讓我替她感到非常難過。

以幽默面對困境

處理離婚官司時，我們每次見面，美人可以笑嘻嘻地談論很多事，表面上看起來還挺得住，但其實她已經把自己逼到極限了！她的身體開始抗議，整個人漸漸消瘦，那是身心備受煎熬下的憔悴，以前想減重都減不到的效果。

婚姻、親子關係、事業夥伴、經濟狀況、進行中的工作……種種壓力排山倒海而來，等著她去處理，滿滿的行程表代表了有滿滿的事情要負責。試問，婚姻、事業一夕間驟變，有幾個人扛得住？

但是，與生俱來的幽默感幫了她很大的忙，讓她在逆境中還可以自我解嘲，對很多事一笑置之。

有一次她經過法院辦理公證結婚的地方，有個等在門口的人，遠遠地看見她就問：「妳是要來辦理結婚的嗎？」

「不是喔！我是來離婚的！」她輕描淡寫地笑答。那人仔細一看是于美人，也尷尬地笑了。

那陣子她不只迅速消瘦，有時還會頭暈，去醫院檢查發現有嚴重貧血，醫師問：「妳有哪邊出血嗎？」

「有啊！我的心正在流血。」

她很搞笑地把對話轉述給我們聽，即便已經處於如此糟糕的狀況，還是能夠幽默地面對困境，換個角度來看待自己的遭遇，而不是陷入悲情的深淵，讓她更快走過那段晦暗的日子。

在最痛苦的時候，她還是撐起來繼續工作，因為她必須對工作夥伴負責。即使經歷過講話時欲言又止、必須重新建立自信的階段，她還是沒有離開過演藝工作。

「我都被打倒了，那其他女生怎麼辦？如果我都站不起來，那其他在婚姻困境中的人怎麼辦？」這是她私下跟我說過的話，她想用自己的例子證明，婚姻失敗還是可以再站起來，並且活得自信、美麗。

活出美麗新生

改變後的女人味

現在，他們的離婚官司已經落幕，很多過程的枝枝節節也都過去了。這段日子，我看見美人整個人脫胎換骨，不只是外表變瘦、變美，也變得很有女性的溫柔。

有一次我跟她相約吃飯，卻不小心搞錯了日期，發現時已經要遲到了！若是以前的她，一定會不斷催促；因為她很準時，又往往急著趕往下一個行程，但是那天她卻要我別緊張、慢慢來。

我感覺到她真的變了，腳步放慢了許多。她真的在練習稍微讓自己「慢活」一點，改掉急躁的毛病，理解並不是所有人的生活步調都像她一樣快；她也訓練自己要有耐心、好好聽別人說話。

當她知道自己的問題時，就很認真地把「改變」當成一份功課，確實地練習，這讓我很佩服！因為她做了這些調整，整個人都變柔軟了，呈現出一種很美的女人味。

我必須說，她今天還能重新出發真的是不容易，她也有很紛亂的時候，只是懂得在抽絲剝繭後，理出一些核心的價值，蛻變出更好的自己。我很佩服她絕地重生的勇敢和魄力，她就是能夠快人一步，在跌倒之後，不只站起來，還有跳起來的力量！

做一個能給幸福的人

婚變時被外在的事物推著走，離婚後，美人才開始靜下心面對自己，聆聽自己內在的聲音。

她學到要做一個創造幸福的人，體會到幸福是要自己給的。

如果以為結婚就會得到幸福、期待對方來滿足自己的幸福感，一旦對方給不了時，就會產生極大的失落。把幸福寄託在另一個人身上，其實是一種危險的幸福。

看透了這一點，讓她可以從關係的束縛中走出來。她也不像一般單親媽媽那樣，把自己困在小孩身上；她很清楚知道，孩子是獨立的個體，並不是自己的所有物。

美人說，官司期間適逢母親節，孩子傳了一則「媽媽，我好想妳！」的簡訊給她，她一時之間不知要怎麼回覆，寫了又刪、刪了又寫……如果是以前，她一定毫不猶豫地回應：「我也想你啊！」但是，現在卻擔心孩子會牽掛媽媽而有心理負擔，所以遲遲無法按下簡訊發送鍵。

「你會很好，我也會很好的！」她想讓孩子不要為難，讓他知道媽媽沒關係，只要你過得好就好。

在婚變過程中，美人從來不把孩子當籌碼，想的都是怎樣不要讓孩子有壓力，不希望他們面對父母時有兩難的心情，也不要他們在爸爸身邊時掛念媽媽，或是在媽媽身邊時擔心爸爸。

走出逆境看見光

「我覺得自己好像一直走在隧道裡，一條又黑又長的隧道，我只能不停往前走，好像再撐下去前面就會有光，但卻又不知道還有多遠，才會走到盡頭？直到有一天，它突然崩塌了，砸得我趴在地上、渾身是血，一抬頭，終於看見了光……」

這是有一次出庭的路上，美人忽然有感而發說出的心情。我想，婚姻到後來給她的感覺，就像行走在一條暗無盡頭的隧道吧！那種窒息感讓人想逃，卻又找不到出口。

到現在還記得，她講這句話的神情，當一切被摧毀、讓她遍體鱗傷時，她還是笑笑地說，自己終於看見了光。

這就是于美人，在面臨頂點的壓力下，在最陷於谷底的境地之中，依然能夠看見光明、正向的一面，這是我在她身上看見的特質。

是同理心，更是鼓勵

在做《非關命運》這個節目時，觸發了她對心理學的興趣，對於兩性和親子關係都有更深沉的思考，她對自我的探索變得很細膩，涉獵了很多相關的知識，也在這個過程中，意識到是否應該多愛自己一點？並且察覺到婚姻品質有一些改善的必要。這讓她更清楚地審視自己的婚姻，也很有誠意地希望透過節目的探討，讓一些女性更誠實地面對自己。

現在看來，分手對她而言是好的，走出來才可以開始過她自己的人生。透過這本書，其實也是在告訴別人，離婚不一定是壞事，也許是人生的轉機。

因為美人自己就是最好的見證，她從裡到外都變得美麗，這種美麗與自信，來自於她對未來是充滿希望的。

經歷過婚變的過程，我覺得美人更有同理心，也更願意去幫助一些在婚姻中跌倒的女性，我想這應該也是她願意回顧自己婚變的過程，帶給一些人借鏡與鼓勵的原因。

離婚官司中的智慧

家事案件的獨特性

處理了這麼多的家事案件，我認為在評斷一樁婚姻時，不能只看表面就妄下定論，畢竟夫妻相處的點滴，有很多不足為外人道的部分。我看見過很多表面上的被害者，未必是真正受害的一方；表面上的弱者，可能才是既得利益者。

一般人面對司法都會有很多揣測和恐懼，一旦上了法庭，很難氣定神閒、輕鬆面對。打官司是一個很煎熬的過程，因為決定權不在自己手上。對成功的人來說，那是一個失控狀態，無法掌控局面會讓人特別焦慮；原本弱勢的人，本來就自卑，此刻更會覺得無力面對，感到加倍的恐懼。有的律師會讓這種恐懼擴大，讓他們不相信司法，引導當事人跟對方惡鬥。

法庭上攻防是難免的，但是好的家事律師，必須了解家事案件還是有別於一般的司法案件，它是一門很專業的社會科學，夫妻間的愛恨糾葛，本來就剪不斷理還亂；而離婚之後，如果還有孩子的親權要處理，原本的一家人很難完全切割，為了讓彼此未來都好過一點，必須在處理手法上更加細緻，盡量讓當事人有「善了」的機會。

善用法院諮詢系統

家事案件在走法律程序的過程中，法院有一些資源可以提供協助，例如台北地方法院有一個諮詢系統，也有調解中心。在走到判決離婚之前，有四到六個月的時間，夫妻雙方可透過調解和諮詢協助，好好地處理這件事，這是讓彼此好聚好散的黃金時機，如果此時能夠得到解決，就不需要馬上進入法庭攻防的階段。

調解制度的美意，真的需要律師的成全，可惜很多律師不明白這一塊，從調解、諮詢階段，就已經當作上戰場打仗；一旦當事人失去和談的機會、進入司法訴訟，關係肯定是越打越差，恩怨越扯越多！而且一個訴請離婚的官司，可能要花上兩、三年時間，耽誤青春又彼此折磨，無論官司輸贏，都是兩敗俱傷。

美人的離婚官司，就是使用了法院提供的諮詢系統，調解離婚。這並不是她特別享有的福利，而是政府既有的資源，不必另外支付任何費用，何不試試看，給彼此一個好聚好散的機會呢？

諮詢系統主要是在處理創傷和情緒，讓雙方都能比較平靜、理性地回到現實面，把事情處理好。一旦進入諮詢系統，就要放心地走諮詢的歷程，並且相信這些專業人士，他們都跟當事人沒有利害關係，不需要去影射和猜忌司法會怎麼樣，若是在諮詢時建立良好的信任關係，多半能獲得很大的支持和回饋。

透過諮詢師、調解員的幫助，讓對方看見彼此真實的感受，會比較有同理心，願意釋出比較多的協商空間，給對方多一點補償，讓彼此不再各執一方，而有善了的機會。法官會視案件的狀況，要求諮詢系統提供協助，有需要的話，孩子也會接受諮詢，讓孩子的問題被照顧到，父母也會比較安心。

放下，才是真智慧

剛出道的律師，通常碰到的第一個案子就是離婚官司，但是婚姻議題其實有很多的面向，和背後深入的問題，怎樣做才真正對當事人比較好？必須靠經驗和智慧去判斷，當事人和律師的個性會輻射出不同的發展。

一個離婚官司往往可以衍生出十幾個相關的官司，兩造當事人氣憤之下告來告去，很多律師就會利用當事人的情緒化，乘機發展出其他對立性的案子，在律師界被稱為「離婚經濟」。

我認為，一個好的家事律師是會懂得踩煞車，在適當的時機能調解盡量調解，把傷害減到最低。

碰見當事人在氣頭上要提告，通常我都會請他們寫好委任狀，但不立刻提告，往往一個星期後，氣消了，也就不想告了。

離婚官司中，最需要的智慧就是「放下」。就像美人說的，學習與所愛的人和解，更是與過去的自己、現在的自己和解，也才能走向更好的未來。

與婚姻和解之前

◎魏憶龍（律師）

美人說……

離婚官司到中途之後，因為雙方發生的告訴案件太多了，多達七、八個，我生怕賴律師負擔太重，而且她自己手上還有其他案件；我跟賴律師討論過後，覺得還需要加入一位律師幫忙，所以又拜託了魏律師協助。

他二話不說，立刻答應。在此要感謝魏律師的拔刀相助。

我也很慶幸兩位律師的法律見解都非常一致，而且都認同我們的策略是一切以不傷害小孩為最高指導原則，把對小孩的傷害降低到最低。

魏律師是一個潛心修佛的人，時常以很多佛法觀念在開導我：

「從人至佛是情執，從人至地獄亦是情執。此間情執但只差別在我身有無我。」

「凌波不過橫塘路，但目送，芳塵去……若問閒情都幾許，一川煙草，滿城風絮，梅子黃時雨。」

也謝謝魏律師的建議，後來我撤掉了大部分的官司，選擇等待。我知道當牌不在我手上的時候，就只能等；就像天黑了，等黑到透了，天就會亮。

事後回想，當時先暫停訴訟的進行對我而言是好的，讓自己有一個喘息的空間。我去看了醫生、調整自己；由於租約到期，我還要忙著找房子。

離婚的隔天，魏律師傳了訊息問我：「有細心品味妳的單身第一天嗎？」

那天我一直在接電話，很多朋友想打電話恭喜，卻有點尷尬，不知道離婚到底是好事還是壞事，該說恭喜還是安慰我，最後只好打電話來問候，還不約而同地問我：「我到底應不應該恭喜妳？」其實，我自己也不知道啊！

魏律師就是如此令人感到溫暖又可愛的人。

只留一個官司

認識美人幾十年，我所知道的她，一直是一個非常有愛心的人，曾經多次義務幫忙我所參與的樹仁藝術基金會募款，有時候會出來自己煮菜，辦桌募款、賣餐券，希望能為了那些身心障礙的小朋友多盡一分心力。不僅是對外的公益，美人對於自己的家庭與婚姻，所付出的努力更是無庸置疑。

那時候，陸陸續續從媒體上看到關於她婚姻的報導，我有點驚訝怎麼會弄成這個情況，社會大眾並沒有很認同她在法律上所採取的某些程序，甚至認為她有一點強勢。所以當她跟我聯繫，說想找我聊一聊，問問我的意見時，我立刻一口答應，表示當然可以幫忙。因為，我可以想像在那段時間中，美人應該已是心力交瘁。

見面之後，我對美人講：「如果妳要我協助的話，那我提的意見妳要能夠接受。」她就問我：「什麼意見？」我就說：「妳現在總共有七、八個官司，但我建議妳，要把那七、八個官司都結束掉，只留一個官司比較好。」

他們夫妻兩個人，其實就是一個婚姻的問題而已，沒有必要打那麼多官司，雖然對律師來說，打官司有一定的策略考量，這可能也只是一時的策略運用。

我加入時，這個案子已經處理了快半年的時間，但在我看來，那半年大家都覺得美人太過於強勢，導致輿論大多較偏向男方，也認為在婚姻破裂的原因上，美人應該要負比較大的責任。

想維持卻無力的艱辛

基於對我和賴律師的信任，美人接受了提議，就陸續撤掉所有的訴訟，只剩下男方提出的離婚訴訟。那時離婚訴訟是由先生一方所提出，美人自然就成了應訴、備戰的一方，我們只需要就兩個部分去討論即可：一個就是她和先生的婚姻關係，一個則是小孩監護權與財產上的問題。

在處理案件時，有一次美人跟我講說：「欸，你不要被對方激怒喔。」我忍不住笑著回答：「我是律師耶，怎麼可能被激怒。」如果對方講的話有道理，那我們聆聽就好，如果對方講的話沒道理，那就根本不必去理會它；在雙方交涉的過程中，反而可以讓妳看見對方一些更真實的面目。任何一個女性走到婚姻結束的法律程序，一定都是特別地煎熬與艱辛，特別是女方想要維持婚姻的狀態時。

記得有一次跟美人在聊時，我問她：「妳跟妳先生結婚這麼多年，難道你們沒有一些快樂的回憶？」她說有啊，而且法官也問過她這個問題。她當時回答的是，為了維持這個婚姻，有一年她放下工作，全家出國一年，因為沒有工作壓力又跟家人聚在一起，她覺得那是一件很快樂的事；但先生那邊的回應卻是「I'm suffered.」他覺得他在受苦。

雖然美人一直以來都很盡力地想要維持婚姻，但雙方對同一件事的感覺卻有這麼大的落差，老實講，這段婚姻應該很難維持下去，也無須勉強去維持。其實婚姻就是這樣，兩個人有緣成為夫妻，如果能相愛相扶持，那就繼續走下去；如果緣分已盡，不能比肩同行時，那也不要彼此傷害，盡量把傷害降到最低。

我也是如此建議美人，既然已經決定離婚，那麼大家就好聚好散；雙方離了婚之後，也不要把情緒再帶到小孩身上，不要利用小孩去報復對方。這一點美人也做得很好，她總是盡量給小孩最大的空間。

接受它、處理它、放下它

開庭的那天過程十分順利，因為法官有事前和解，所以在雙方有共識下，開了幾個小時之後，和解就搞定了。我們走出法院的時候，其實美人的心情已經放鬆了一大半，我也對媒體表示，這對雙方來說都是最好的聖誕禮物。

至於小孩的監護權的問題，後來經過幾個月社工的訪視、法院的輔導，又開了一次庭，也是達成和解共識，雙方協商結果是盡量不影響小孩，又讓小孩在父母親離異的狀態下，可以不受太大的影響去成長。雖然美人期望讓兩個小孩在一起生活，但她很尊重小孩的想法，她在這點上也做了相當大的努力。

美人的離婚官司是我處理過那麼多家事案件，過程比較成功圓滿的，一旦達成和解，訴訟就告一段落，彼此不需要花費許多時間精力去打官司、纏訟，我想這對雙方而言都是一個很好的過程。

我對美人說，這個過程在她的生命裡是一個很好的學習，既然不幸碰上了，那就學著去面對它、處理它、放下它；感覺後來美人也比較能夠坦然面對，至少把心打開了。現在她出這本書與社會上有同樣或相類似情境的人，分享自己的經驗，也是件滿好的事情。

離婚後的美人變得越來越年輕了，第一個讓大家感覺最明顯的，就是她變瘦了！記得在訴訟的過程中，有一次她還跟我說，以前不能穿的衣服現在都能穿了，這或許也是一種收穫。美人是一個反應很快、很聰慧的人，可能以前她對婚姻的態度就是盡量去維持、去撐住，但我相信現在的她，對感情、對婚姻，一定又有了更深刻、另一種層次的體會；從宗教的方向來看，這未嘗不是一種人間的修行。

好聚也要好散

其實，婚姻是否一定得硬撐，我覺得這是很值得在婚姻裡的人去思考的，就像錢鍾書的《圍城》寫的：「外面的人想進來，裡面的人想出去。」有時候維持一個假象也不見得很好。我也是如此對美人講的，很難在一起的時候不要硬在一起，既然兩人無法相處、維持婚姻，那就離婚吧。要是離婚之後，兩人又覺得很相愛，又開始懷念起對方、珍惜起對方，又願意在一塊，再結婚一次也沒什麼不好啊！

大部分的離婚訴訟跟婚姻家事案件，當事人可能都會想要報復對方，然後會把很多的帳拿出來算，我覺得要當事人不去做這個事情，大概很難；但很多事情，我們都得學習怎麼去面對它、處理它、放下它，是一個很重要的過程。如果有小孩的夫妻，也不要拿小孩當作報復對方的工具，並儘可能不要影響到小孩。

兩個人不能在一起，起碼能夠做朋友；不能做朋友，起碼不要互相傷害，美人做到了，是一個很好、很棒的示範，我想這也是很值得大家去參考的一個模式。

善用律師橋樑

夫妻財產分配制度

這一年多來處理離婚與後續的事宜，讓我理解到有些觀念與事情，有必要提出來讓大家也了解，以後在婚姻中遇到同樣的狀況時，會非常有幫助。

第一個是夫妻財產的分配制度。之前在我主持的節目中提到了夫妻財產制的問題，原來夫妻結婚時，如果沒有特別約定夫妻財產制的話，那就是一律適用「法定財產制」，就是夫妻婚後取得的財產，如果不能證明是誰所有，那就是共同擁有的。

當時我問了賴律師，那我是不是要簽一個夫妻分別財產制的書面契約？因為我與前夫的金錢價值觀完全不一樣，所以我希望能夠把財產分開，而且他當時也有不錯的固定收入。我請賴律師給我範本時，賴律師還笑笑說：「沒有那麼容易簽喔。」

「怎麼可能？各自賺的錢，各自保管，為什麼會不簽呢？」沒想到，對方果然不簽，而且反應非常大，覺得這就是「妳要跟我分手」的意思。

事後我覺得自己的表達應該更柔軟一點，好好地與對方溝通清楚才是。如果婚前沒有說清楚，之後有任何改變，對方也不一定會接受。

上法院的兩大原則

很多人都害怕把家事案件搬上法庭，一開始我也是傾向雙方自行協議離婚就好，但後來發現沒有辦法，那時候賴芳玉律師對我說：「進入法庭，就是雙方正式要理性對話的開始。」

所以，不需要害怕上法院。當你發現無法與對方理性對話的時候，進入法院的平台會是比較好的方式。

另外，魏憶龍律師也提供了上法院的兩大原則給大家知道，第一個是打氣，覺得事情於理不公平，所以想出一口氣；第二個是打錢，你的財務、財產受到了損失，所以要索取賠償。

你一定要很清楚自己的目標是什麼，出一口氣或要一筆錢？這樣子打官司的邏輯才會清楚。

如果你要出一口氣，你可能就要不到錢；如果你要一筆錢，你就要忍下心中那口氣。要是你不知道自己到底要什麼，就會很混亂，因為很難不忍氣吞聲又在金錢上得到很大的補償。

請律師就是幫助你找出現在需要的是什麼，並擬定訴訟策略，因為當事人都會有情緒，有很多的憤怒、傷心、不滿，律師不會陪當事人一起沉浸在他的情緒裡面，而是扮演保持頭腦清晰的角色。

持續請律師溝通

不僅是打官司時需要律師，我建議即使判決離婚後，短期內都不宜再直接與對方直接接觸，而是透過律師來對應。當然，和平分手的例子不在此限，如果是雙方已經對簿公堂，兩人之間一定會有許多的情緒糾葛其中，這種狀況就都交由律師來處理比較好。即便對方沒有請律師，還是可以請他直接跟你的律師溝通。

我自己的做法是，在離婚後的兩年內，都盡量避免與對方進行面對面溝通。因為離婚的夫妻之間，通常會有很多共同的物品要歸還，還有小孩的事情要處理，而且每個人都仍有殘留的情緒得處理。

我曾經打過一次電話給前夫，但大家仍會忍不住說出憤怒的、刻薄的言語。所以要是透過律師溝通，你才能徹底擺脫過去相處模式的壞情緒，或是不願再回想起的往事，這樣也能給自己一個比較安全的空間撐過去。否則你很容易會感覺，就算離婚了，還是一團混亂。

而且某些堅持爭取監護權的男方，在成功要到小孩之後，常常不到三個月又把小孩丟回母親身邊，這種時候，妳是接還是不接呢？遇到這種狀況一定要透過律師來處理，對方才會知道不能予取予求，也不能不負責任。

在溝通與分開之間

◎黃越綏（兩性專家）

美人說……

對於我們的婚變，黃越綏老師始終都很公正，也勸合不勸離，希望我們能復合，所以一開始很積極地想幫我們夫妻輔導。

這中間，她寫了好幾次簡訊給我們，雖然最後James還是拒絕接受黃越綏老師的輔導，但我真的很感謝黃越綏老師這一路走來的鼓勵與溫暖支持。

Dear James：

你好，如果你的祈禱獲得回應，那就是愛比恨重要，

而家庭圓滿又比個人輸贏重要；

強勢的人願意示弱，就是愛的謙虛，
給她、給孩子和你一個重新的機會，
她的躁進固然有錯，但你也有需要檢討的地方，
我雖非基督徒，但為你們的事情我幾乎每日會祈禱一次，
但願心誠則靈，為了你們一家給你擁抱和加油！

Dear 美人：
至今妳做得很好，繼續低調、放軟，
如果需要幫忙請不要客氣，
妳已經夠勇敢，請多保重！
錢賺再多沒有健康也是枉然。
盡量用孩子呼喚他回來，所有委屈相信都會有代價的，
再加油！

艱難，但勇敢去做

以溝通尋找共識

我做專業的婚姻輔導這麼多年，輔導過無數夫妻，大部分的人在面臨婚姻問題時，內心還是希望可以維持家庭的完整；只要雙方還努力想挽回，願意尋求專業協助，在我的個案中，婚姻關係因此獲得改善的機會很大，破鏡重圓的例子比比皆是。

畢竟，組織一個家庭並不容易，誰都不想輕易被摧毀，尤其是女性，多半因為十月懷胎的母性荷爾蒙作祟，總會因顧慮到孩子對母親的依賴而願意給彼此再努力經營的機會。

當美人的婚姻發生狀況時，也跟一般女性一樣，曾經試圖挽回，她曾來找我提供輔導。我告訴她：「單是輔導妳可能不夠，希望James也能一起來，雙方一起接受輔導，比較容易成功。」可是James拒絕了。

他們兩人從戀愛到結婚生子，我一路看下來，其婚姻狀況也略知一二，特別想促成他們復合，也認為這段婚姻，並沒有走到非離不可的境地。

於是，我私下發了幾封很長的簡訊給James勸說，但是他卻完全沒有回應。這一點讓我頗感意外，因為長久以來我對他的印象都滿正面的，幾次見面他都表現得溫和有禮，記得美人還曾私下告訴我說，James是個很節省的人，但對於她捐款贊助我們的公益機構之事，卻從不反對，總之他不像是一個狠心絕情的男人。

後來，我聽說他已經接受了教會的建議，不願意接受我的輔導，我也只好尊重他，不再介入，儘管心中難免還是替他們的結局感到惋惜！

在我看來，他們明明還有挽救的機會，既然雙方都沒有婚姻最大的殺手外遇及第三者的介入，婚姻的障礙可能是因為個性不同，或是價值觀扭曲了，造成彼此溝通認知上的歧見，我希望能夠透過輔導，找出兩人的差異性和癥結點，給他們一些功課和溝通技術的協助，彼此一起努力看看，是否能夠慢慢調整，彼此找到可以包容與共處的共識。

婆媳相處的難關

星星之火足以燎原，沒想到家務事快速地就在媒體的大力放送下，竟演變成公眾議題，事情的發展也就從此開始失控了，很遺憾地到底還是走到了離婚這條路。（也許他們當事人都覺得這才是最好的選擇。）

過程中，美人一直遭受到不少的責難，其中一個癥結竟是關於婆媳相處的問題，偏偏她廣大的粉絲又多數來自婆婆媽媽們，這讓我更為她感到不捨。我常形容婆媳關係，所謂「婆婆」，就是那個妳天天詛咒她早點死，但她卻偏偏活得比妳媽媽還長的女人。當然這是一句玩笑話，但是每個媳婦聽見都會忍不住會心一笑。

沒有一個已婚婦女，一開始是不想討好婆婆的，差別在於是否討好得了。婆媳關係，我知道美人真的努力過。美人從小家庭並不富裕，即使後來收入頗豐，但也從不浪費或亂花錢，她在接待或討好公婆方面從來不小氣，相當地盡心盡力，包括他們從美國到台灣探訪的來回機票、出國去玩的旅費，所有開銷足足有六、七年都是她一手包辦，後來因失望而作罷。

別用冷戰築起高牆

婚姻是兩個家庭的結合，每一對夫妻關係的變化，難免都會受到周邊人際關係的影響，生活瑣事的摩擦，在不知不覺中累積，如果不處理，慢慢就會讓彼此失去耐性；讚美容易忘記，咒罵卻一輩子記得，夫妻吵架情緒下難免針鋒相對，到頭來若緊抓住讓自己不舒服的話語發酵，且耿耿於懷而消化不良，則心結就會越結越深。

站在James的立場，或許有時也會心理不平衡，尤其成了名女人的丈夫後，感情好的時侯什麼都好，但低潮時難免也就會犯嘀咕和賭氣，覺得自己是獨生子，為了真愛卻放下在美國的父母和熟悉的環境，跟著太太來台灣生活，結果事業不盡人意，又要面對外界眼光的檢視，簡直如芒刺在背，似乎犧牲大了。

但站在美人的角度，可能認為夫妻是一體的，而自己又是職業婦女，尤其演藝事業稍縱即逝，每天辛苦工作，也都是為了家庭的未來。但當拖著疲憊的身軀回到家時，另一半既不能體諒，又冷言冷語相待，枉費我對你及你的父母付出那麼多，難道你就不能跟我及我的家人好好相處？心中難免會感到無奈又強烈的失落感。

夫妻間最怕的就是冷戰和放棄溝通，當雙方各執己見，不願或不能再用同理心站在對方的角度去省察與體諒時，最後不但兩個人聯繫情愫的橋樑斷了，還無形地築起另一座隔閡的高牆，彼此倔強地僵持著，等著對方發難而引爆壓倒駱駝的那一根稻草。

珍惜愛、珍惜擁有

我個人至今仍覺得遺憾沒能在適當的時機，可以實質地幫上忙。而婚變事件從在媒體曝光，到進入法院程序的過程中，目睹美人必須承受來自四面八方，包括輿論、工作、子女、健康、家庭等各方面的壓力，身心俱疲，卻還得強顏歡笑獨撐下去，尤其是把無辜的家人和孩子都捲進去，甚至被汙衊有外遇……等中傷，再堅強的女人也承受不住，身為母親又是女兒的她幾乎開始脆弱到連呼吸也困難的地步。她最終的考量只希望在分手的過程中讓孩子的傷害減到最小，而一切的決定也都以小孩的利益為前提。

離婚雖然是很艱難的決定，但是一旦決定了，就只能勇敢去面對。

現在大家看見美人一口氣減重十多公斤，再以窈窕俐落的美姿模樣展現螢幕前時，總誇她恢復單身後越來越美麗了，但是我知道，那陣子，她常自我解嘲：「每上一次法庭，就瘦身一圈，從沒有減肥這麼成功過。」

美人令人欽佩的地方，是她拿得起放得下，而且更珍惜現在所擁有的，她藉由工作讓自己趕快回到常軌，不給自己任何頹廢的機會，回家無論多累也總是報喜不報憂，孝順的她只怕媽媽會擔心。她和James子女監護權的協商是女兒歸她，而兒子則歸前夫，美人一向與子女相處像朋友般地自在，但離婚後，偶爾得知兒子和前夫相處有摩擦時，也會有些無奈的內疚，處得太好又會有幾許吃味，怕兒子忘了媽媽，這是很多單親媽媽內心的衝突與矛盾，母愛的糾葛至深。

美人的人格特質就是正面思考，除非偶爾碰到親職的問題，會跟好友聊家常中嘀咕一兩句外，我幾乎不曾聽見她用太多負面字眼批判前夫。越來越能做到不當夫妻也用不著仇恨對方一輩子的君子風度，現在的她似乎比過去更加自在灑脫。

經歷了這一場婚變，恢復單身的美人有許多改變，我所看見的她，不只是外表更亮麗，而是她對婚姻的看法，不再只是淺碟式男歡女愛的觀點，而有了過來人更深沉的體認，更能用大愛來關心那些被婚姻枷鎖及責難中的女性們。

我祝福她，也希望她未來的人生，越活越精采。

離婚後的自我功課

◎黃越綏（兩性專家）

給離婚的你一些建議

有人說過：人類這一輩子最快樂的兩天就是結婚和離婚，因為都充滿了希望，藉著美人的事件，我在這裡給大家一些建議。

其實結婚跟離婚都是當事人的選擇，如果不想離婚，彼此就要找出問題的癥結盡力挽回和補救，不要一味處在不滿和抱怨中；否則只會陷入主觀的固執和委屈也不能求全的負面泥淖中，對改善彼此的關係一點幫助也沒有。

如果決定離婚，分開後就學習放下吧！是非對錯都過去了，不必過分自責或他責，任何批判、指責、埋怨或訴苦的話多說也無益。

我看過很多分手後的例子，剛開始朋友聽你抱怨，還會羨慕或鼓勵你恢復單身、重拾自由的開心；但如果你一直沉溺在受害者的心態，老是要人家同情、安慰或認同，親朋好友也會漸漸地失去聆聽或陪伴的耐心，忍不住在心裡質疑：「難怪你會離婚」。

離婚的人，一旦做了選擇就要好好面對地做自己，尤其是女性。

一、要做個人格、經濟、感情都獨立的人，不要過分一廂情願地期待能回去投靠娘家，娘家的親人未必會接受、包容和支持妳，就算會也不長久。

二、不要因婚姻挫敗而自卑，不需要在兄弟姊妹親友間，自認矮人一截，何況婚姻是選擇題而非是非題，對自己的抉擇要有信心。

三、設定療傷的時間表。時間也許不能治療傷口，但可以淡化傷痕，不要過度沉溺在悲傷中，負面情緒沉澱之後，就要努力走出來，積極而勇敢地面對未來的人生。

四、盡快恢復自己的社交能力。離婚女性很容易被視作「公害」，尤其是外表漂亮的女人，單身後變得有威脅性，很容易被其他女性視作假想敵，在原本的社交圈易被排擠，即使如此也要學習健康地面對，更要小心，莫因為感情脆弱反而變成別人外遇的對象。

五、要樂在職場的工作中，才不會變成失婚的可憐蟲。不能期待別人會特別體諒，或應該伸出援手來幫妳。

六、如果有子女，切記不要在子女面前數落前夫（妻），要從身教言教中做個積極、樂觀又正向的單親父母，讓孩子理解父母親的婚姻破裂，與他們無關。

這幾點，美人都做得很好，也希望能對大家有實質上的幫助。

PART
2

曾經走過，沒有對錯

與過去的不快樂告別

放下不甘心的委屈

事件發生當下，好友Christine有感而發地傳來一封簡訊：

人多數的時間會被「感覺」卡住，喜、怒、哀、樂繽紛了生活，卻也框住了我們。生命中最難過的關，是不捨得、不甘心、放不下、無奈、是……更多更多的五味雜陳！終究是被一種「感覺」給困住了。

最初的妳喜愛分享，把別人的開心、快樂、滿足與感謝，視為妳無價且充實的回餽，但這樣的特質逐年遞減，只因妳希望與另一半和平共處。那些妳不自覺、微小但有感的變化，讓外界眼中的妳漸漸地不一樣了，至今，跋扈、勢利、囂張、仗勢欺人成了妳的代名詞時，跟在妳身邊多年的我們除了感到不捨外，更多的是無奈！

外界太多的誤解與揣測，加重了妳現階段的「不甘心委屈」跟「Why should I」，但妳卻忽略了「不甘心委屈」正在毀壞妳的人生、妳的生活品質、妳的價值觀、妳的形象，最恐怖的是它正一步步地吞噬著最初、最真的妳。

如果放下那些不甘心的委屈感，能換回更多妳該擁有的美好及人生。放自己一馬、放孩子一馬，硬撐著「父母同住、沒有離婚」的殼太沉重。他們倆每天生活在你們夫妻一下冰凍、一下火爆的氛圍裡，其實比父母離異更難受。

中國人一向勸合不勸離，我只勸妳找回自己，讓失衡的人生到此為止，before it's too late。

所謂「當局者迷，旁觀者清」，Christine這番話寫出了我最需要的建議，也寫出了我心中最害怕面對的自己。

給自己一個重來的機會

與一個人，從相愛相守到離婚形同陌路，是很漫長的一段過程。

從前的我，認為沒有自己辦不到的事，認為只要兩個人願意一起走下去，就沒有什麼克服不了的困難，沒有什麼不可改變的、無法解決的問題。這段關係，讓我打破了這樣的迷思吧，或者該說是對自己太過自信的想像。

當我一再努力試圖去改善、去補救婚姻關係中的不快樂時，這才發現，原來有很多東西，例如從小到大形塑的個性、或是雙方家庭行事風格的差異，都不是單方面的個人力量可以改變扭轉的。原來，我太用力、也用錯力了，結果反而適得其反。我的過度付出障礙了前夫的成長，說不定他的靈魂深處是有怨恨的，或許以他的能力，本來可以有更多的發揮。

女人很容易把老公和小孩的功課攬過來自己做，沒想到反而阻礙了家人的成長，還抱怨老公爛、小孩笨。女人懷疑為什麼自己這麼努力，怎麼還看不到成果？卻沒有想到，其實是自己的努力放錯地方。

很多人都說，離婚的收穫是重獲自由，對我而言，在婚姻中我的行動並沒有被限制，但離開那段關係，讓我得以用不同的角度、不一樣的思考，看待自己的未來，找到更多的可能性。雖然我已五十歲了，這份禮物來得有點晚，但這是我一生中最珍貴的禮物。

令人沮喪的個性差異

其實在剛結婚的時候，我已經發現雙方家庭的行事風格差異頗多，不過，這些並不是不能接受的事，我們溝通出現隔閡的主因，還是出在兩個人的個性差異太大，在朋友圈、金錢觀與兒女教養這些方面，都可以看得出我們之間想法的落差，有時會讓我感到十分沮喪。

我是一個比較好客、愛熱鬧的人，他是一個比較安靜、私生活不喜歡被打擾的人。在婚姻裡面，我以為他不習慣去交朋友，也不願意出去交朋友，跟朋友總是維持「君子之交淡如水」的關係；當時覺得他是跟人互動有困難的人，後來才知道，那是因為他是于美人的先生，這讓他不想外出交際，可是我卻沒有多加體諒。判決離婚的當天晚上，前夫去學校參加小孩的活動，遇到小孩同學的家長，就跟對方講：「嗨，我不是于美人的先生了，從今以後叫我王先生。」可見當于美人的先生對他來說是個多麼沉重的包袱，而他也是如此強烈地希望擺脫「于美人先生」的框框。聽說離婚後他每天有參加不完的活動，我也很高興他找到了自己的空間。

在金錢價值觀上，我認為「the more you share, the more you get.」，只要你分享越多、回饋就會越多，對金錢的概念也是比較大而化之的；而他覺得錢的事本來就應該要精打細算。他的觀念很正確，花錢本來就不應該太浪費，因此另一半花錢沒概念的話，真的會是一件很令人討厭的事。

而對於兒女的教養，我們的觀念也非常不一樣，我會讓小孩去讀森林小學，因為我喜歡充分尊重小孩個性、校風自由的學校，讓他們人格能自由發展；但他希望小孩去美國學校接受傳統正規的教育。

對生命熱情的差距

而他對生命的熱情也跟我差距很大。我是一個行動很積極的人，但他是一個要謀定才能後動、做任何事都要想很久的人。

我曾經休息整整一年，與他帶著孩子到各個國家去玩，有半年時間是在加拿大，因為是講英文的國家，我就請他代為安排洛磯山脈的旅遊，但他要上網查資料、看評價，找出最好的行程，這樣左等右等等了兩個月，他還是沒有安排好。眼見湖區就要進入冰封期，再拖下去可能無法玩，我一心急就不等他，自己直接找旅行社去安排，從開始找行程到出發上火車，六天就弄好了。

他決定事情比較謹慎，而我也沒有這麼大的耐心一直等待，我想，如果碰到一個有耐性、能等他的人，或許兩人就可以和睦相處吧。

判決離婚之後，我隨即去了一趟日本京都，彷彿是一個告別的儀式，因為那是當年我們全家出國旅遊一年的第一站。想想我真的覺得自己是個瘋子，他是個慢條斯理的人，偏偏遇到步調超級快速的我，當時的他應該很痛苦。

那時我每天六點起床做好早餐，七點搭公車，八點去語言學校上課；但他很辛苦，一個人要帶兩個小孩，後來我在學校找到兒童圖書館，讓他們自己看書，下午我們就可以一起玩一整個半天。我在京都上烹飪課，也帶著他們一起。短短一個月的四個週末，我們就去了奈良、神戶、大阪、美秀美術館，還去琵琶湖看煙火，參加了京都的夏日大祭典、五山送火、還去鴨川烤肉。

這種瘋子般節奏、一個停不下來的女人，對於一個會事先做好規畫、習慣週末去運動、逛大賣場過美式生活的男人來說，真的非常痛苦，我們的個性相差太多了。

那趟京都之旅讓我感觸良多，往事一直湧上心頭，卻又彷如隔世。我真的不知道當初怎麼那麼瘋狂、那麼愛玩。其實，對於我安排的旅遊行程，他總是全力配合，所以後來在法院時，聽到他說那一年是多麼地不開心，我很訝異！因為當時我真的沒察覺到他的不愉快，原來他是這麼壓抑自己在配合我的步調。

不快樂的無能為力

孩子出生後，我就覺得他很陌生了，我可以明顯地感覺到，他生活得很不快樂，我好幾次都說：「如果你那麼不快樂，那你就走吧！」可是，他也沒有走。

在那個過程中，我有很深很深的無力感，因為他的不快樂是我無能為力的，是我沒辦法去解決的。我不知道他需要的是什麼，不知道應該怎麼做、怎麼去配合。

我曾經問過他：「你覺得什麼事情會讓你最開心？」他說，他想要小孩很好。我說這些都已經有人幫你做好了，為了你自己想一想，ＯＫ？他就回答：「我想要一直開車。」對此，我還曾經想說，那我們來開間快遞公司好了，這樣不就可以一直開車了嗎？

我媽媽以前都是勸合不勸離，後來她股骨頸摔斷住在我家，看見我們的相處方式才明白，我們的婚姻已經有名無實成這樣了。

前陣子我在報紙上看到一篇讀者投書，令我深有所感，因為在婚姻後期，我的心情就是如此：

當年，我為了讓孩子感覺還有父母，曾經在自己家的地下室住了兩年半，平時也一樣過日子、一起帶孩子出去玩，只是完全沒有夫妻關係了。我當時的想法是：「就當這輩子已經過完了，算了。」

結果，不管怎麼小心避免，就是會有吵不完的架。我後來真是覺得對不起孩子、對他們太不公平，年紀這麼小，卻要承受大人爭吵帶給他們的驚嚇，才毅然決定離婚。

現在回想，真是最正確的決定，才讓孩子成長得這麼好。所以我常常跟人說：「我是為了孩子才離婚。」

有多少夫妻的真實關係是這樣子的，已經完全沒有夫妻關係了，但還是一樣可以過日子，抱著自己這輩子在感情這塊就是死掉了的心情。那時的我也是，我把自己的感官關起來，專注在事業上，變成了朋友口中說的「失去自我的于美人」。

我當時覺得這篇文章是一個男生寫的。我相信也有很多男人，在娶到真的不合適的老婆時，也是這樣的心情。我不知道離婚的男人，有沒有空間可以釋放心裡的情緒，因為社會上給男人的限制其實更多，所以，一段不快樂的婚姻、一段痛苦的關係裡不是只有女人單方面受苦，女人會喊痛，男人的苦卻常常是無法言喻、甚至更壓抑的吧。

離婚之後，我可以想像，當時我在婚姻中所感受到的不快樂，對方一定也有相同感覺，只是我們都缺乏勇氣去解決。

選錯了，認錯就好

惰性是婚姻最大的殺手之一。只要進入婚姻，都會產生惰性，例如不再注重浪漫，或是外表變邋遢了、不再費心維持兩人的關係，到後來演變成沒有動力去離開。如果家裡很亂，但因為惰性而不整理，最後就會髒亂不已；

夫妻間的關係也是需要整理的，千萬不可以因為惰性不去處理。

就像有時候同一個姿勢維持久了，會感覺不舒服，就需要起身來動一動、換個姿勢。要是你一直久坐不動，到最後就會再也站不起來了，因為你就僵住、麻木了，也忘了人天生就有的求助本能。

沒有任何一門學問、任何一位兩性專家可以教你如何選擇一個對的人，就算真有一套方法，但陷入愛情的時候，多半也不會聽從，很多時候不就是這樣子的嗎？

選錯人沒關係，有勇氣認錯就好，但也有可能當時是對的人，當人、事、時、地不同之後，就變成了錯的人。

到後來，我也面對自己嫁的就是這樣的一個人的事實。如果現在有人問我，我會說不要努力了，不要浪費那麼久時間才醒過來，但是人都會鴕鳥、都會恐懼，當時我會覺得離婚好可怕，離婚一定會天崩地裂，其實真的離了才發現，也沒那麼難。

事後我罵自己為什麼這麼「後知後覺」，早該解決的事不去解決，早一點放開手，讓彼此都可以回到好一點的生活；否則硬要在一起生活，他不快樂，我也不快樂。

以前從沒想過自己的人生會轉彎，但這個彎轉得真好，我把自己打破、重新再看了一次。沒有婚姻之後，妳有好多時間focus在自己身上，妳會發現，過去花那麼多時間在那段不可能的關係上，真的好浪費，為什麼不放過自己？

鬆綁的斷捨離

很多女性都把自己投射到我身上，因為有許多人在婚姻中也很辛苦，看我似乎還可以撐著，多少能給她們一些正面能量，但後來連我也垮了，讓她們很憤怒。

我想讓大家看見，失婚者不是失敗者。我因為變瘦、穿搭改變之後，居然有好多婦女對我說：「妳離婚之後沒有變醜、沒有垮掉，真的給我們好多鼓勵！」

還有一次，在蔡小虎的演唱會上，我遇到一群合唱團的媽媽，她們也對我說：「美人，想不到妳離婚之後反而變好看了，妳知道妳給我們很大的鼓勵嗎？妳一定要每天都穿得美美的喔！」

所以，我告訴自己，不可以有一天不漂亮。既然我的努力可以帶給別人幫助，我也覺得這是很棒的事。

現在雖然我變瘦了，但完全不挨餓，每天早餐吃得豐盛，午餐都是媽媽幫我準備便當，晚餐反而吃得少。外食機會減少了，人也更健康、更懂得愛自己。

離婚後，我把過去的衣服全丟了，朋友來我家裡陪我一件件過濾，做一場衣櫥的、心靈上的斷捨離，我的生活空間變大了，整個家都是我的空間。

外表變美，自己真的也變得比較開心，可以去嘗試各種以前自己沒試過的造型，更懂得多愛自己一點。以前我的家裡連穿衣鏡都沒有，也不愛打扮，常常是一身寬鬆上衣加上七分褲的「阿桑服」就出門。現在我開始買合身的衣服，也喜歡買鞋子，這是以前從來沒有過的經驗。有一次我的朋友羅妹妹（羅霈穎）發現我穿的鞋子不合腳，說：「拜託！這麼不適合的鞋子就不要穿了！」立刻拉著我去買鞋。

也對！我連這麼難穿的鞋子都能忍耐，還有什麼關係不能忍呢？雖然，現在偶爾還是會買錯鞋，剛穿的時候很好穿，但後來發現很不舒服，我就會不委屈自己硬要穿上它了。

我想告訴那些自認為被困在不快樂婚姻中的女人，其實，妳沒有被一個關係綑綁住，而是妳自己綑綁住了妳自己。離婚對我而言，就是一個鬆綁的過程。

重生之後，我很難得又見到了自己擁有純真、清澈的眼神，那是自少女時代之後就未曾再見到過的眼神，我知道，那代表于美人已經告別了那個不快樂的自己。

當媒體成爲溝通幫兇

◎王瑞德（資深媒體人）

美人說……

婚變鬧得正激烈的當時，我手上的新節目都因此先暫停，整天突然空了下來，那時，有人問我會不會擔心未來？其實連今天都過不了了，哪會想未來呢？

我無聊到去做SPA，該做的項目都做了，從SPA館出來發現，怎麼天還亮著？原來才下午三點。我又回去混了一下，問其他太太白天沒事都在做什麼呢？她們說：「就是去洗個頭，弄美美的，等老公晚上來接吃晚餐。」天啊！這簡直是在傷口上撒鹽。

閒散日子我真的過不慣，雖然心情沒恢復，狗仔也天天在跟，但是《新聞挖挖哇》節目錄影我才請假兩三次就開始正常上班。那時候身體很差，昏倒過好幾次，檢查後發現是貧血，加上又中暑又扭傷手，狀況非常慘。但我還是撐在那裡，因為唯有趕快回到常軌，才能夠讓自己穩住。

瑞德說得很好，媒體是一把雙面刀，可以捧你上天，也可以把你刺得遍體鱗傷、推入谷底，那感覺就像是掉入大海裡，抬頭一看好多浮木，但每一根都有刺。

圈內朋友很多傷我很深，曾經有過我今天傳個簡訊、明天就上報紙的經驗，讓我如同驚弓之鳥。當然也有很支持我的圈內朋友，像羅妹妹就曾對我說：「美人，不要怕！我會幫妳一起把孩子養大！」她的義氣讓我十分感動。

永遠都要從挫折中學習到教訓，這一次，我終於好好上了一堂媒體課。

爲彼此多留一分餘地

意外的一語成讖

我跟美人有十六、七年的交情了，一路看著她戀愛、結婚，因遲遲沒懷孕而做了各種努力，到開心迎接龍鳳胎，兩個看似生活背景與個性都截然不同的人，似乎也過得還滿幸福的。隨著一雙兒女出生，美人的事業越來越平步青雲，儼然成了事業、家庭兩得意，人人稱羨的模範女性。

有子萬事足的她，有時也會帶孩子來攝影棚，兒子從小就比較頑皮，有一次因為怕大人不讓他吃糖，一下子全塞進嘴裡，搞到當場嘔吐；女兒就比較安靜貼心。對此美人曾開玩笑地說：「如果哪天離婚，我一定選女兒，她比兒子乖多了。」

我想，她自己一定也沒有想到，後來是兒子選了爸爸。

潛藏的婆媳關係危機

我們夫妻跟美人、James都是好朋友，常相約出來吃飯，但鮮少聽到她抱怨夫妻之間相處的問題。

美人的婚姻問題，從她提到將近十年不太與婆家往來時，就可以嗅出端倪。造成婆媳關係破裂的導火線，應該是多年前的峇里島事件。那次旅遊，本來我們一家人也受邀同行，後來我母親突然中風，所以沒有去成。

他們一家人住在朋友提供的度假別墅裡，可以自己下廚，大概煮的料理鹹淡不太合公公口味，於是請婆婆來跟她講要怎麼煮比較好，向來心直口快的她，或許也被搞煩了，就把炒菜用的鍋鏟拿給婆婆說：「啊！不然妳來煮嘛！」

夫妻間吵架，有時難免說話過於直接，但對待長輩有更多眉角要注意，很多話不能隨便嗆回去。這樣的溝通方式，如果是母女可能還ＯＫ，頂多當作玩笑話帶過，但是在婆媳間就很難說了。如果剛好婆婆又是很在乎禮數的人，或許就會覺得這個媳婦在向她嗆聲，不把婆家放在眼裡。雙方表達的方式不一樣，加上美人的個性比較倔強，聽說那幾天的相處也因此不太愉快。

沒想到，後來她在節目中把這件事講出來，當時我就覺得不太對勁，因為她以前很少公開談論這些私事。

鬧上警局的衝突事件

後來，美人夫妻婚變的引爆點，是James跟岳母的衝突。于媽媽一句「錢都是我女兒賺的」是氣話，但也因為是真話，對James來說特別刺耳，若是當下他能體諒長輩的心情，稍微忍耐一下，或許今天結果又不一樣了。

像美人這樣自幼喪父的孩子，媽媽的親情與恩情，對她來說有多麼重要，可想而知。同住一個屋簷下，口角是難免的，James一定沒料到會搞到後來的局面；站在美人的立場，聽到媽媽要被丈夫趕出家門，當然會挑起她捍衛親人的戰鬥本能。

夫妻倆其實都和對方的父母有相處問題，彼此與婆家、娘家的心結也越來越深。

最後家事鬧上了警局，馬上成為新聞焦點，美人的處理方式，讓我很訝異！她不應該急著接受媒體訪問，又開記者會公開Call out給James，這種方式只會讓對方更加防衛，讓彼此的關係雪上加霜。

她的想法很簡單，既然媒體會追著跑，還不如乾脆一次公開講清楚。因為這件事我數落了她幾句，提醒她：「夫妻間的事，根本不可能講得清楚。而且，透過媒體公開發言，只是顯得妳更強勢、對方更加弱勢，台灣的社會是同情弱者的，妳一定會成為眾矢之的。」

其實，當時的她內心相當脆弱，事發當晚錄影時，她一看見我就紅了眼眶，我像個大哥哥安慰小妹妹一樣，看著她在我面前哭了好久。

媒體是雙面刃

屋漏偏逢連夜雨，沒想到，後來的「私闖事件」又被媒體拍到，引起更多人對她的負面反感。果不其然，網路上責罵的聲浪一面倒地向她襲來，聲援James和支持美人的人數，竟然有8：2的懸殊差距。

這樣的媒體效應讓她衝擊很大，遭受網友的責罵和媒體的炒作都讓她感到很挫折，甚至還有經常受她幫助的名嘴，竟然落井下石，乘機踩她一腳，讓她感到相當受傷。

我要她看開這一點：「媒體本來就是兩面刀，可以捧妳也可以傷妳。」過去的她太順遂了，只享受到媒體對她的好，人情冷暖如人飲水，這一次算是讓她有了新的體會。

事情越做越絕，戰火越演越烈，搶戲的人又太多，眼看越來越沒有挽回的餘地。

我始終認為，他們的婚姻問題本來不難處理，我不敢斷言一定能復合，但是應該不至於搞到後來決裂的局面，鬧到要上法院才能解決。

夫妻間講感受勝過講道理，很多話必須兩個人面對面好好溝通，但是卻演變到只能藉由媒體放話，當事人各說各話，助選團、啦啦隊又迫不及待投入，一些不相干的人搶著當發言人，多事者跳出來爆料兼嗆聲，不但不幫忙滅火還把戰線拉大，終至一發不可收拾。

越加越深的猜忌與不安

事情爆發不久後的清明假期，我接到James的電話，他表示只信得過我，想把一些內幕跟我講，我依約到台中金典酒店私下跟他見面。

James看見我時，神色相當緊張，戴著一頂棒球帽，好像怕被認出來，手機不敢開，也不肯交代落腳處，只說他跟朋友借車，從高雄開車上來。我們挑了一個角落的座位，聊了兩個多小時。他告訴我，美人這邊好像有一些人想介入協調，讓他感到安全被威脅。

「你真的想太多了！不可能有這種事啦！」

原來這就是他神色不安的原因，我安撫著他的情緒，一再跟他掛保證，強調美人絕不會做這種自找麻煩的事；但是他仍有很大的恐懼感無法消除，我也承諾他，如果真的有什麼惡勢力來騷擾他，可以來找我，我不會袖手旁觀。

James拿了一些東西給我看，也訴說了十幾年來，兩人的恩恩怨怨。冰凍三尺非一日之寒，我不知道他們的問題已經這麼嚴重了！失去掌管家中財務大權的事，讓他很介意，但又因為美人才是家庭經濟來源，他也莫可奈何，一家之主的地位受到動搖，許多揣測懷疑在他的心中產生，但因為全都沒有證據，只能靠著猜忌去指控對方。

我勸他，不如好好地面對面把話談開，懷疑什麼就當面問清楚，好好溝通一下未來想怎麼走，就算要分開也是要好好處理。我知道James並不是一個死愛錢的壞男人，他強調如果離婚的話，他可以不要錢，只是希望能為小孩爭取教育費而已。

我給他的建議是，想離婚就不必多談了，只要針對孩子的監護權和財產分配，把條件喬好；如果還在考慮要不要復合，那就找個雙方都信任的人，在不受干擾的狀況下，和美人誠懇地好好談一談。最後，我叮嚀他不要再讓旁人對媒體放話，三姑六婆的建議都不足採納，重點還是兩位當事人的心意。

那之後，他們有透過信任的牧師協調，達成某些共識；可惜的是，類似的爆料和衝突事件又發生了一兩次，讓和談的結果破局，互信崩盤，終於搞到不可挽回的地步。

夫妻可以不當敵人

夫妻間的罩門

「人世間最大敵人就是夫妻。」我深深地感慨。夫妻最了解你的痛腳，一旦彼此傷害，就要讓你痛到刀刀見骨。

于美人的罩門是于媽媽，James的罩門就是惜車如命，因為他的車屬於美人公司的資產，後來被收回去，車上放置的一些私人物品，包括筆電，都被打包放在管理室，這讓他氣炸了！

曾經有一次，美人急著打電話找我，原來是James載著小孩，差點跟一輛轉彎的車子擦撞，這原本是小事一樁，他卻跟對方發生拉扯衝突，鬧進了派出所。她本人不方便出面，我就請跑分局線的記者，趕去幫忙協調，將大事化小。

那時我才知道，James相當在意他的車子，也發現他處理事情的方式，似乎未必如外表那樣溫和，也有火爆衝動的一面，一旦拗起來不會輕易讓步。

金錢造成的歧異

錢、感情、相處模式，就是他們夫妻之間的三大問題。

這之間，美人也曾約我們夫妻深夜在她家中長談，同樣是訴說這十幾年的種種；讓人訝異的是，同一個事件，他們在意的點卻完全不同。相同的是，兩人的分歧點都在於錢。

長期以來，美人賺的錢都交給James管理，有一次她看上了一個名牌皮包，想買來犒賞一下自己，這是很多女性寵愛自己的方式。尤其以她的收入來說，買一個包又算什麼？沒想到他認為太貴了，不准她買。

「用我自己賺的錢，買個包包給自己都不行嗎？」這句在她心裡的OS，又沒辦法講出來，生怕會傷到男人的自尊心。

對於自己辛苦工作賺來的錢沒有自主性，對金錢的價值觀產生差異，造成了彼此的心結。

「男主內，女主外」的模式，並不是美人要求的，她反而經常把握機會推薦James。有一次我們在一家高級餐廳聚餐，老闆娘特地來敬酒，恰巧隔壁包廂的一位金融公司高層也來打招呼，美人立刻積極拜託對方幫忙介紹好工作給老公。

我們私下聊過此事，她其實不在乎老公的薪資高低，只希望他的專業有所發揮，他會比較有成就感，對家庭經濟分擔有責任感，這樣或許雙方都更能找到平衡點。

感情上的失落與誤解

美人真正在乎的不是金錢的付出，而是感情上的失落。

原來這對看似幸福的夫妻，從孩子出生後親密度就減低了，多年來別說是親密行為，連日常的摟抱、Kiss都幾乎沒有，這讓我相當驚訝！

以前，我們偶爾會拿夫妻間的房事開她玩笑，反應機伶的她總是立刻頂回來，還說老公怕熱她怕冷，沒辦法睡在一起。現在回想，原來是實情而不是玩笑話。

美人拿了一疊稿紙給我們看，是她在夜深人靜時寫下的心情隨筆，我形容那是她的「懺情錄」，上頭淨是她面對疏離的夫妻情感，內心孤單無奈的感慨，這或許是雙魚座的她浪漫感性的一面。即使是一個事業如此成功的女子，內心也只是跟一般妻子一樣，期待著丈夫的關愛與溫柔吧！

只可惜，他們沒有在關係開始疏遠的時候想辦法突破，兩人之間的鴻溝越來越深。

James曾因為收到美人傳給他的一張穿著短褲的性感照片，而怒沖沖地質問：「這是什麼意思？」懷疑老婆穿成這樣，是要去跟誰見面？

後來我跟于媽媽吃飯，聊起這件事，她難過地說：「唉呀！是我看她穿這樣好看，就亂出主意，叫她趕快傳給老公，誘惑他一下。」沒想到一番好意，反而害了她。

于媽媽有錯嗎？當然沒有，她只是一心想讓女兒跟女婿感情回溫。美人有錯嗎？傳了這樣示好的照片，一般老公應該高興都來不及吧！至於James，只能說他對夫妻關係失去信任，根本沒往好處想。

同一對夫妻，對同一件事情的解讀卻是如此天差地遠，問題出在太缺乏溝通，感情慢慢轉淡，陰錯陽差的誤解不斷，當然也就漸行漸遠。

吵架應是為了溝通

我常宣揚夫妻吵架的價值，吵架的過程就是在溝通，藉此知道彼此在乎的是什麼？吵架也是一種宣洩，把不滿的情緒處理掉，以免積怨越來越深。

我跟太太就時常吵架，吵架沒好話，我也常被她數落到一無是處，箇中藝術就在於「不要把氣話當真」，吵完就忘了，也不一定要逼得誰先低頭。

夫妻嘛！氣消了，也就若無其事地和好了。

看著他們曾經幸福恩愛卻無法白首到老，分開時搞得如此慘烈，難免讓人不勝唏噓。或許，逢年過節，原本一家團聚的日子，他們跟孩子的心中，還是會有些感慨和遺憾吧！

我有一個《于美人婚變檔案》，把這段過程的剪報都收集起來，相信他們的故事可以做為許多人的借鏡。前事不忘，後事之師，我相信他們現在回首前塵，應該還是有許多成長與體悟，在婚姻中跌的這一跤，也是重新省思人生的機會。

身為他們多年的好朋友，既然離婚的結果已成定局，我只能給予祝福，希望他們各自都在未來找到新的幸福。

當差異來自成長背景

◎李昂（作家）

美人說……

看到李昂老師說了這麼多關於媽媽的事，其實一直到現在，我還是很堅持，當女兒的奉養自己的母親並沒有錯。

我的媽媽二十三歲就守寡，獨力養大我們幾個兒女長大，難道只因為我是女兒，所以我養她就有錯嗎？

現在的社會已經邁向高齡化又少子化，女兒要去奉養公公婆婆卻不養自己的父母，這樣說得過去嗎？為何不是我們各自養各自的父母？這些問題很值得我們重新去省思。

強勢或事業有成的女性在遭遇婚變時，總是容易成為被撻伐的一方，似乎，這社會不願意給我們這樣的女人喊痛的空間，我們被形塑成鋼木蘭，不只代父出征、甚至代夫出征，這樣打拚的女性一直存在。

我很慶幸擁有一個很棒的原生家庭，雖然是單親，但爺爺補足了男性角色、照顧著我們。養育我成長的家，雖然不是很富裕，但給了我很多正面的價值觀，也給了我很多安全感。

在碰到另一個價值觀完全相反的人時，我受到了很大的衝擊，沒想到照著普世價值觀去做許多事，最終卻換來令人意外的結果，讓我整個信念都幾乎被擊潰了。

還好，原生家庭給我的正面支撐、媽媽給我的愛，讓我可以再站起來，也讓我有勇氣繼續走下去。在此，深深感謝我的媽媽，我的家人們！

婚姻，是兩個家庭結合

曾經和樂融融的一家人

我跟美人認識快二十年了，我一直很喜歡她心直口快、爽朗誠懇的個性；她對朋友表裡如一，喜歡就毫不掩飾自己的熱情，不喜歡就鮮少往來，一點也不矯情做作。

我們有一個共同的美食會，經常「以食會友」，一起品嘗美食。她的人緣極佳，是大家聚會時的開心果；當時，她還沒有現在這麼紅，也沒有男朋友，我還一直幫她物色對象，想把某位優質青年介紹給她，後來才發現那男生原來是Gay！這件事就成了我們之間的私房笑話。

後來，她認識了James，兩人談起戀愛，她把人家從美國給「拐到」台灣來。這段女追男且修成正果的戀情，還常被一些人拿來當作鼓勵女性主動爭取幸福的戀愛教材。

他們倆剛結婚時，也有過幸福快樂的美好時光。朋友間的很多活動，James也常一起出席。記得有一次，大家去鴻禧山莊的朋友家參觀骨董，美人那時已是知名主持人，有錢有名、老公又帥氣，帶著才三、四歲的龍鳳胎，一家人看起來和樂融融，頗讓人稱羨。

與公婆相處的不順

原本我們還擔心在美國長大的James，到台灣來會水土不服，但早年也沒什麼大問題，反而是美人和公婆之間的相處，似乎有一些不順利。

有一年，美人計畫帶公婆一起去澳洲旅行，大家先飛去峇里島度假，沒想到公公不小心發燒了，美人當然馬上將他送醫，住在她朋友的別墅裡休養。但是問題來了，原本預定的澳洲之旅到底要不要取消呢？

一行人的旅費大約一、兩萬美金，全由美人買單，若是因為公公發燒無法成行，提前取消還可以拿回一定比例的退費，時間越接近，可退回的費用就越低。但是公婆卻擔心萬一取消了，過幾天燒退了，不就毀了原有的假期嗎？

美人希望他們趕快下個決定，公婆卻遲遲不開口，隨著出發的日子越來越近，美人覺得泡湯的機率很大，眼見再拖下去，可能一毛錢都拿不回來，但也只能繼續等待；到最後一天，公婆才決定不去，因此損失了很大的退費空間。這件事，據說引起了公婆的一些不滿。

美人不是一個小氣的人，不然也不會掏腰包請公婆旅遊，但她也不是一個揮霍的人，畢竟每一分錢都是自己辛苦賺來的，不可能對白白損失這筆為數不小的金額，感到無所謂。

家庭背景的迥異

美人曾經跟我提過，她有點不知道怎麼跟婆婆相處，覺得婆婆有很多話都放在心裡，不太願意明講，讓人猜不透心意；偏偏她又是心直口快、直來直往的個性，婆媳之間有些格格不入。

一些小摩擦，讓美人跟夫家的相處越來越困難，各自心裡也難免累積了一些疙瘩。

我從她身上看見，結婚真的是兩個家庭的事。James來自一個講究禮數、規矩，有點優越感的外省家族，而美人出身貧窮的單親家庭，雙方的家庭背景差距很大，彼此價值觀的差距，導致發生事情時，解決方式、思考邏輯以及在意的重點，都是完全不同的。

偏偏她又是經濟能力很強、事業有成的現代女性，還常公開表態一些婆媳相處的新觀念。面對這樣一個不傳統的媳婦，讓夫家越看越不順眼。

各種問題一一浮現

他們婚姻之中更大的危機，來自於James在工作上開始適應不良，他從事的金融業競爭很大，常常處在沒有工作的狀態，有點高不成低不就，事業發展不太順遂；相反地，美人卻在主持界光芒綻放，事業可說平步青雲。

即便如此，那時他們感情看起來還不錯，James在我們朋友圈中的風評也很好；他長得高大帥氣、待人溫和有禮，經常夫妻一起連袂出席美食會，有時也會來接美人回家。

有一段時間，剛好美人原本的助理出國唸書，就有朋友出主意，乾脆讓James來當美人的助理，他也大方接受。後來，一位共同的朋友提醒她這樣不妥，日子久了，老公心理難免會不平衡。

我那時還覺得是這位朋友太多心了，James在美國長大，應該比較沒有一般大男人的沙文主義。但是這朋友點出了問題，就算他沒意見，他的家人應該也會有意見。美人可能也有這些顧忌，之後就沒繼續讓James當她的助理。

沒想到，後來又出現了于媽媽的問題。

開朗直率的于媽媽

于美人對于媽媽是出了名的孝順，母女感情好得不得了！

我常有一些機會，受邀被招待去中國大陸旅遊。當時有一團要去絲路，那是一趟十天的長途旅行，我很希望美人可以同行，但是對她來說很困難，要把那麼多天的錄影都先預錄起來，是很難消化掉的工作量。

眼看美人可能去不了，我就轉而力邀于媽媽，她很爽快地答應了！美人因為放心不下，還是咬著牙提前完成節目的預錄工作，決定和媽媽一起同行。

我們當時就開玩笑地說：「哇！原來于媽媽就是妳的罩門，以後想要脅妳，抓住于媽媽就對了。」

于媽媽在美人心中的地位，可見一斑。這也就不難理解，後來于媽媽在美人的婚變事件中，所具有的關鍵影響力。

旅行中最能看出一個人的真性情，于媽媽相當親切、直爽，是個很體貼、熱情的人，什麼話都可以講，非常好相處的長輩。

那一趟絲路之旅，經常要長途搭車，在車程中的娛樂就是大家輪流表演，當美人講到一些有性暗示的笑話時，于媽媽就會在旁邊拉住她，叫她少說點，要留一點讓人探聽。

敢在媽媽面前講黃色笑話的女兒不多吧？但美人母女相處就像平輩一樣，她們逗趣的互動，把大家逗得合不攏嘴！相較之下，美人碰到了個性南轅北轍的婆婆，會覺得抓不到相處的眉角。

旅途中，幾乎每天都吃麵食，剛好很合于媽媽的口味，讓她每餐都吃得很開心。

「李昂老師，妳對我太好了，知道我愛吃麵，都有幫我準備，我從沒去一個旅行吃這麼好！」她特地跟我道謝。

其實，這是主辦單位所準備的，因為在地人的主食就是麵食，並不是我特意安排的。由此就可看出于媽媽可愛的一面，她是一位很懂得感恩，絕對不是那種會刻薄寡恩、仗勢欺人的人。

價值觀上的差異

從前很少聽說于媽媽干涉美人夫妻的生活，她比較扮演支援的角色，有需要時就幫忙帶小孩。

後來于媽媽不小心摔傷，做了髖關節手術，為了方便照顧，就搬來和他們同住。岳母、女婿朝夕相處，開始產生了一些摩擦，加上于媽媽心疼女兒辛苦工作賺錢，一旦James對她說話有些不客氣，就忍不住冒出：「吃的、住的都是我女兒付的，你怎麼還可以對我這樣？」的不平之鳴。

于媽媽是個一輩子辛勤刻苦、努力工作把孩子拉拔大的單親媽媽，一定無法理解，怎麼會有人可以好手好腳、年紀輕輕就不去工作？難免會覺得女婿好吃懶做，越看越不順眼。

以客觀的角度來看，住在女兒家的岳母，或是賦閒在家的女婿，雙方的壓力都很大吧！

美人是個很聰明的女人，也曾花了很多心思想要好好經營婚姻，她從不在外面講老公的不是，人前人後都很給他面子。但是她處在太多不利的條件下，核心問題是雙方價值觀的差距太大，又加上老公工作不順、媽媽受傷搬來同住，公婆的成見……諸多問題綁在一起，很容易就演變出不好的結果。

他們的例子也應證了雙方的家庭背景若是差異太大，相處上確實困難比較多，除非家人都懂得彼此尊重，不要有太多介入和牽扯。

撇開傳統看婚姻

旁人察覺出的異狀

我開始感覺到他們夫妻間可能出了一些問題，是在一趟新疆之旅。

那時于媽媽已經不太方便遠行，所以美人就帶了James和兩個九歲的孩子同行，本來帶這麼小的孩子，有點打破了接待的規矩，但因為美人的面子而破例。

一行二十四人，我是團長，同行隊友都觀察到他們夫妻相處有異狀，紛紛私下問我：「他們的婚姻是不是出了問題？」我也開始默默觀察，確實有些怪怪的。

旅行途中，James常毫不掩飾地當眾擺臭臉，也不幫忙招呼孩子，一副大爺的樣子；而美人就一直陪笑臉，小心翼翼地打圓場，很怕大家會尷尬，兩人關係看起來很緊繃。

從新疆回到北京時，主辦單位特地設宴招待我們，小孩因為吃壞肚子，和James待在飯店休息，但美人還是很有禮數地出席了！那一頓飯，美人吃得不很安心，一直在接電話，臨走時還東奔西跑地拜託飯店廚師幫忙煮了一些稀飯，帶回去給孩子吃。後來我才知道，原來是James沒幫孩子準備食物，要美人自己想辦法。

這趟旅行，我算見識到James的另一面，他的做法有點自私擺爛，完全不顧及美人的面子。從種種跡象看來，團員的八卦並不是多心，我也意識到，他們的婚姻確實出了一些狀況。

當時我就有不好的預感，畢竟于美人不是傳統小女人，更不是可以吃苦當吃補、委曲求全的個性，如果他們相處方式沒有改善，離婚可能是遲早的事。

強勢卻加速了惡化

他們婚姻的急速崩盤，可能跟後來美人的工作型態的轉變，也有一點關係。

這幾年，美人的事業版圖又再擴大，除了主持節目，還身兼經紀人的角色，一出手就捧紅了王彩樺，很有娛樂圈大姊大的氣勢，嘗到了權力的美好滋味，個性也無形中會有些改變，對身邊的事情會更習慣去掌控。

她變得非常忙碌，時間的分配更加緊迫，連偶爾出席我們的美食聚會，都是來去匆匆。人一忙就容易沒有耐心，跟家人之間可能也沒時間好好相處。

大家常說，「女強人千萬不要把強勢帶回家！」但這根本是不可能的，人的意志是有貫徹性的。

James這時可能更加感受到，自己在家中的地位越來越低落了，使得他更想用他的方式去反抗，讓彼此的關係更加對立。

至今，我都覺得James是個本性善良的小孩，他不是那種耍狠的角色，大概也沒想過要把整個家庭摧毀，只是事情爆發的時候，沒有能力去好好處理。

一如我在那次新疆之旅所見，他並沒有替美人著想，一副有恃無恐的樣子，表現出「這個婚姻是妳要維繫的，我無所謂。」的態度，好像吃定了美人是公眾人物，為了顧及形象只好忍耐，把爆料當作籌碼，這是我比較不能認同的。也許是這種心態導致了後來一連串的擦槍走火，終至一發不可收拾，搞到兩敗俱傷，最後以離婚收場。

顛覆傳統的性別角色

美人過去一直給人家庭幸福美滿的形象，那當然不全都是假象，她對這個家庭的重視和付出，是無庸置疑的。她從小在艱苦的環境成長，因為父親早逝而受到欺負，所以更加珍惜一個家庭的完整性，甚至可以為了家庭，暫時把工作放下。

大家應該都還記得，她曾經暫停工作一年，帶著全家人一起出國旅遊。說起那一年，她總是津津樂道，能為家人留下很美好的回憶，覺得相當值得。

讓人訝異的是，聽說後來在法庭上，James卻表示，那一年讓他感到壓力很大。我試著理解他的想法，或許是因為旅遊的花費都是美人出的，在國外都是美人的朋友和支持者幫忙張羅打理一切，這讓James覺得自己處在比台灣更附屬的地位，顯得更沒有用處。

我想，James對男性角色的認知還是很傳統的，這跟他在這段婚姻中的處境，有很大的差異；或許他很介意自己是一家之主，卻娶了一個在經濟條件、工作能力各方面，都比自己強很多的女性，這種地位的不平等，讓他難以自處，形成很多的壓抑和痛苦。

問題出在兩人的性別角色，顛覆了傳統。假設美人遇到的是一個事業成就很卓越的男人，或許一切又不同了。

試著轉換傳統眼光

婚變事件鬧得沸沸揚揚，讓美人承受到很大的壓力，網路上出現很多「反于美人」的聲浪，過去的掌聲都變成了噓聲，也讓她備受打擊。

美人真的有犯什麼天大的錯嗎？我真的不覺得。這些批判的背後，反應的心態其實是她太不傳統了！

過去她做了很多顛覆傳統的事，例如，不回夫家吃年夜飯。相信她在螢光幕前講的時候，一定有很多媳婦在電視機前拍手叫好！因為她們對於去婆家吃年夜飯，可能也不是很心甘情願。

美人明明在做著許多女性想做卻不敢做的事，但是一旦婚姻失敗，就成了代罪羔羊。大家都期望別人去革命，不過發現要被砍頭時，立刻劃清界線，又縮回傳統的價值觀裡，因為那樣似乎比較有保障，而反過來批判她的不傳統。

我想用比較正面的角度去看美人的婚變事件，希望社會可以不要用那麼傳統的要求去看待婚姻出問題的女性，好比說婆媳不和，錯的一方未必是媳婦。

雖然兩性平權喊了很多年，台灣社會對兩性的看法還是不夠進步。美人面對婚姻問題的不傳統，所有的壓力都往她身上排山倒海而來，這個社會，對於女性的要求還是很狹隘，一個事業成功的女強人，回到家卻要逼她演小女人，在丈夫面前硬要矮化自己，這真的太強人所難了！

換言之，承認自己的老婆能力比自己強，又如何呢？有妻如此，不也是一種福氣嗎？何必自苦於「男強女弱」的迷思裡。

一切只是變動的過程

經歷婚變的美人，改變了很多，大家都稱讚她變瘦、變美了，但是我還是喜歡以前的她多一點。

我看到的倒不是這些外在的改變，而是她似乎被這個挫折打擊到了，說話時變得有點退縮。向來直言不諱的她，有時候會以微笑來回應，不像以前那樣勇於表達意見，就連在朋友面前也變得有些防禦，不像以前總是嘻嘻哈哈的，這樣的轉變並不是我樂見的。

于美人就是于美人，她不是孫芸芸。于美人之所以成功，就是因為有自己的性格特質，直率犀利、親和力強就是她獨特的魅力，無論外表變得如何時尚美麗，這些都不能失去。

我並不特別擔心她，因為她的社會資源比較多，有很多朋友提供建言，她自己也很懂得沉澱思考；James可能就比較辛苦一點，我也希望他能夠很快地振作起來。

離婚後，還是得修復彼此的關係，畢竟兩個孩子要怎麼好好長大，依然是父母雙方的責任。

或許這一切只是一個過程，在人生中跌了一大跤，畢竟連回過神來都需要一點時間。我相信，美人很快地又會踏著明快自信的步伐，走向新的人生旅程。

當婚姻讓自我迷了路

◎Christine（製作人）

美人說……

一路以來，Christine總是陪著我、支持著我，我所經歷過的一切，她是最真實的旁觀者。

就像Christine講的，水火不容到如此痛苦的地步，何不離了算了！但我跟她說不行，因為我媽媽說她是寡婦，她不願意她的小孩離婚，這樣她會覺得很擔心，這是十年前媽媽的想法。後來，連媽媽也勸我就離開吧。

媒體鬧得很兇的那陣子，Christine每天都會打開報紙，不放過任何有關我的新聞，生怕我回應。

我跟Christine說，因為我平常習慣事情都按照我的節奏走，但這個婚變不符合我做事情的節奏，所以我真的非常不舒服。

Christine回我：「我們出社會工作後，沒有一件事情是按照我們要的節奏，我們很習慣事情不照我們的節奏走，但，沒有妳那麼痛苦。」

她一語點醒了我，很可能在婚姻裡，其實對方很多時候都是在配合我的節奏，最後根本配合不了，只好乾脆放棄。

我很幸運，一直以來都是別人在配合我，但經過這次事件之後，我要自己學著懂得為別人設想，更柔軟地去傾聽，希望能讓大家看到變得更好的我。

她的第一個母親節

Dear

世界排名第一辛苦的工作就是為人母，第二辛苦的就是蠟燭兩頭燒的職業婦女，第三辛苦就是單親職業婦女，第四的話我猜就是知名的職業婦女。

綜合以上，妳真的非常了不起。

雖說母親節應該送康乃馨，但在我心中……那老氣了點，我還是希望妳能保有熱戀熟女的氣質，所以玫瑰還是適合些。

母親節快樂！別哭囉，我們都很愛妳的呢，hugs and kisses！

Chris 2014/5/11

這是我送給美人母親節花束上卡片的文字。

那是她成為單親媽媽後，度過的第一個母親節，少了兒子的陪伴，一時忍不住感傷地在攝影棚梳化間內淚眼婆娑；在場的友人傳訊息告訴人在上海的我，我立刻託朋友送了一束花去她家，希望能安慰到她。

她錄完影回到家，看到這一大束玫瑰和卡片，又哭了一場。然後很白目地傳簡訊來說：「妳明明在台灣幹嘛不出現，還寫這樣的卡片讓我哭！」其實只想讓她知道日子再怎麼過不去，都有我們這群朋友陪著她。

婚姻的路上，哪對夫妻不吵架，但美人與她前夫的互動模式，除了被相敬如「冰」的低氣壓包圍著，大概就只剩下她小心翼翼面對對方可能一觸即發的情緒氛圍了。外人很難以想像，其實她在這段關係中並不像螢光幕前那麼犀利、直率，反而是儘可能地配合、退讓。

目睹過無數次的家庭紛爭，我曾忍不住地問她：「為何不考慮分開？」她很堅定地回答：「分開從不會是我的選項。」自幼喪父的她想給孩子一個完整的家，背負著于媽媽希望她好好維繫婚姻的期望，也讓她分外地重視家庭。十幾年的婚姻，維持不易，過去的她有苦難言，但事件爆發後，她不想再被誤解，說出了自己的委屈，卻引來了近乎將她淹沒的負面觀感；那一段令她百口莫辯的日子所帶來的恐慌與無奈的後遺症，我想還需要好一段時間才能散去。

工作上的女強人，家庭中的小女人

我常笑稱美人在職場上沒什麼事能難得倒她，博學多聞、反應快、邏輯強、表達能力優，但當觀眾關掉電視機的那瞬間，也就是她回到現實生活時，其實是很宅、不擅交際應酬、私生活白癡、以家庭為重的女人。離婚對她來說根本就是天崩地裂！她崩潰的程度不亞於一般女性，甚至受到的煎熬更大，情緒更撕裂、更無力招架。

當抨擊的聲音不斷、負面評價排山倒海而來、事業陷入危機，讓她的自信徹底瓦解，開始質疑自己的價值。她反覆地問：「我是不是真的很糟糕？」、「我到底哪裡沒做好，人家才會不要我？」、「我會賺錢又會做菜，這樣還不夠好嗎？做得還不夠多嗎？」

問題根本不是做得夠不夠多，而是彼此到底適不適合？一路走來的配合與退讓，已變成了她習慣逃避問題根源的方式，對改善彼此的關係一點也沒有用，婚姻終究有崩盤的一天。

當網友們不斷地攻擊她太強勢、大女人、不給先生面子時，我完全能體會她的委屈與無奈。過去她為了維繫這段婚姻、避免爭執，盡己所能地配合對方，是外人看不見的。

在這樣的互動模式下，她放下所有一般人眼中幹練的形象、有見解的溝通能力，取而代之的是「以夫為天」的鴕鳥心態。

話說某天晚上朋友約好來我家聚會，從公司回家的途中，我答應美人順道送東西去她家，並且跟她小聊了一會兒；後來發現距離聚會的時間只剩十分鐘，來不及再去買酒回家，就跟美人借了幾瓶來應急，打算過兩天再買新的還她。她很爽快地一口答應，並且遞了兩三瓶酒給我，其中包括一瓶有紙筒包裝的威士忌。

道了謝後，我趕緊回家赴約，也沒多想地就將威士忌的紙筒跟已生鏽的鐵蓋拆開，放進一樓的資源回收桶。

那天半夜，我突然接到美人的來電，電話那端聽得出來她非常地不好意思，「我真的是沒辦法才打這通電話給妳的，那個……威士忌的包裝還在嗎？」我告訴她已經丟在樓下的資源回收桶裡。

接下來她用近乎哀求的口吻說：「那妳現在可以去把它撿回來嗎？」

我當下的第一個反應是：「妳在開什麼玩笑！妳要紙筒幹嘛，裡面有藏私房錢嗎？這是一般的酒，難不成紙筒會升值？」

但她一點都不像是在開玩笑地說：「拜託啦！算我求妳了，一定要把紙筒拿回來，妳不撿回來會鬧到離婚的！」

我一聽，瞬間酒都醒了！抱著喝得很茫有滾下四樓公寓樓梯的危險，還是硬著頭皮去把蓋子和紙筒撿回來。但我發現直到她搬家為止，都沒有人知道要回那紙筒的目的，而且也沒人好好收藏過它。

類似的例子不勝枚舉，這種努力迎合對方要求的狀況，不知不覺中從生活跨到了工作；漸漸地，讓美人乏於顧慮外人的感受，不自覺地認為只要家庭和樂就好，不論面對什麼奇特的要求，最終目的就是要滿足這個目標。她不惜被製作單位貼上難搞的標籤、不在乎外界對她的任何評價，毫無意識到這些事已嚴重影響了她的人際關係。

在這段關係中她似乎失去「正常的感官能力」，不僅忽略自己的感受，也常無法意識到別人的觀感。有時我懷疑她是真的感覺不到他人的情緒，還是選擇了關閉自己的感官？轉眼幾年後，她已被貼滿小氣、跋扈、自以為是、急躁、不講情面的標籤，在無形之中得罪的人數也數不清，而她始終不自知；直到婚變事件發生後她才驚覺，原來大家是這樣看待她的。

婚變事件爆發那陣子，媒體幾乎是一面倒地批判著她，那是她一輩子都沒有想過會發生的事。以為有交情的、是朋友的，在那段日子現身的寥寥無幾，但乘機消費的倒是不少。以為自己跟媒體的關係很好，其實也只是一廂情願的想像。這一切對她來說很錯愕，但看在我的眼裡一點也不意外，畢竟她活在無感的生活狀態裡太久，這顆震撼彈總算讓她重返地球了！

妳的痛，她也痛過

職場女強人于美人歷經婚變沒有大家想像中的堅強，她跟一般經歷婚變的女性一樣，所有幾乎在電視劇中看過的虛弱臥床、食不下嚥、崩潰痛哭、驚慌失措……各種情節，她一樣也不少！一般人離婚就夠難熬了，更別說是藝人，所有的一切都被攤在螢光幕前。每天被捲在新聞風暴圈中，手機響不停、走到哪裡都有媒體守著，回到家還要顧及媽媽和女兒的心情，所以也不能多說什麼、也不敢放聲大哭。她就只能憋著、忍著，趁媽媽去洗澡、女兒在書房，她才能鬆懈下來，徹底宣洩出一天的壓力。

那一陣子她身心俱疲，情緒隨時都處在瀕臨崩潰的邊緣。面對風暴一波波來襲，陪著美人面對媒體的我都快喘不過氣來了，何況是她！那種無以復加的壓力，也讓她常常會一時呼吸困難、感覺自己下一秒就會昏厥過去……就像是在考驗周遭的人的反應力一般，陪在她身邊的人也跟著處於緊繃的備戰狀態。

這樣的狀況持續了好一段時間，幾個好友們不免感到擔心，輪流去家裡陪伴她。而住在她家附近的我，每天下班都會繞過去，陪她們一家三口聊聊天；每每都要確定她的情緒穩定些、體力消耗得差不多、沒啥精神再胡思亂想、應該可以上床睡覺時，我才敢離開。隔天一早再傳個簡訊給她，確定她還活著，我才安心地去上班。這些現在聽起來像是玩笑的話，在當下可是一點都不好笑！那時在美人家的一面白板上記錄著幾位好友的電話號碼，我們也叮嚀于媽媽跟美人的女兒，若有任何狀況，就立刻撥這幾個號碼。這樣的舉動，讓于媽媽安心許多。

某次美人到上海散心，嚷嚷著要我陪她去逛街，才剛踏進入購物中心，她突然停下腳步，臉色發白、全身無力，呈現呼吸困難……我趕緊跟餐飲店家要了大把冰塊，裝進醫生交代她隨身攜帶的冰敷袋。她斜靠在偌大的購物中心一樓大廳的沙發上，敷了許久的冰袋，情緒才逐漸平靜下來。接著她表示想回住宿處休息，街也沒逛到的我又陪著她回去。到了住宿處，我要她快回房間補點眠，我跟另一位友人準備在客廳歇一會兒；下一秒，房間突然傳來嚎啕大哭的聲音，我們被嚇了好大一跳！看到美人在房間哭到不能自已，我們決定不打擾她，讓她痛痛快快地好好哭一場。

有人問我，「事隔兩年後，美人走出來了嗎？」我想應該還沒完全走出來。表面上看似已經結痂的傷疤，一個不小心的碰撞或拉扯，有可能再度撕裂開來，偶爾則是隱隱作痛。雖然離婚事件的主角不是我，但一路陪著她面對那些輿論壓力，經歷了整個事件的始末，我彷彿也經歷了一場巨變。現在回想當時的情景，仍會感受到當下的心力交瘁，以及有口難言的無奈；那種驚慌失措的感覺想必也在美人心底未散去。

愛錯不是錯

美人說《非關命運》是影響她最深的節目，她笑稱還好有主持過《非關命運》，才能讓她撐過那段驚滔駭浪的日子。因為節目所累積出來的能量及做過的功課，支撐她一步步爬出泥沼、自我療傷、學習接受一切重新（從心）來過。這也是我們製作這個節目的初衷，希望透過人際間各種互動關係的探討，帶給大家一些心理層面的啟發，讓我們從同理的角度去改善、維繫、經營出更好的人際關係。

我們在節目中探討過無數的議題，曾有兩個主題讓我印象深刻：「愛就是委曲求全的討好?!」、「誰說婚姻不寂寞？」我記得美人在錄影時，用了一種很不尋常的方式做ending。

「愛是必須交流的，有來有往才能通到彼此的內心深處。如果一段感情是靠單方的不斷付出、犧牲、討好，卻永遠得不到等值的回饋與關愛的話，那任誰都會疲倦跟崩潰！

沒有一種愛是不期待回報，尤其是愛情！不管是誰愛誰多一點，誰為誰付出多一點，為的都是希望自己能被用相同的方式對待或寵愛。

別把對方的愛視為理所當然，更別認為她喜歡不斷地為你而改變自己，你的視而不見或默然，只是給了她一個離開你的最好理由。」

照慣例，腳本上的結語是給主持人參考的，製作她的節目多年，她不曾一字不漏地照稿讀出，唯獨那一次，她用了很牽強的理由說是製作單位要求她一定要照本宣科地讀，場外的我聽得一頭霧水。但當她朝著我說：「製作人，怎麼樣？還可以吧？」時，瞬間我懂了，那一段結語讓她很有感覺，且感觸良深！

而錄製「誰說婚姻不寂寞？」這一集，探討婚姻裡相敬如「冰」的寂寞，談到總是單方一廂情願地守著這段關係時，她不時露出無奈、欲言又止的神情，彷彿透視了自己在婚姻中的窘境。或許這也讓她開始深思：「人生真的要這樣不快樂地過下去嗎？」

面對婚姻關係的破碎，陪伴她一路走來的朋友們不斷地提醒她：

一、不要把所有的錯都往身上攬，婚姻本來就不是單方面的事情。如果妳沒輕言放棄、用盡心力地維護過，即便結局不如人意，至少努力過了！即使有錯也絕不會是單方面的過錯，又何必苛責自己？

二、勇敢地把心裡所有的痛苦、委屈都宣洩出來！就算朋友已聽了很多遍也沒關係，他們會包容妳鬼打牆般地重複問同樣無解的問題，這是必經的過程。我哪裡做得不夠好、我付出的難道還不夠多、為什麼我怎麼做都不對……其實以上問題都已不重要了，就是兩人緣分已盡、債已償完；再不然就是不愛了、感情已失效。最終，妳不是他想要的、他不是妳的Mr. Right，你們沒想像中的適合對方而已。

面對婚姻挫敗，妳有權失落、悲傷、喊痛，要把情緒表達出來才不會內傷，也才好得快些。妳沒想到自己也會崩潰、有處理不來的事、原來妳沒有大家想像中的堅強、原來妳也有這樣的情緒……就算如此，也不為過；人生總有一兩件事是不擅長的，感情或婚姻可能剛好就是其中一項罷了。

三、開放自己的感官，不要覺得自己被整個世界給遺棄了！別把自己關起來，讓朋友們陪陪妳。即便只是靜靜地待在同一個空間，都是妳需要的陪伴。不管妳性格多獨立，有一批後援部隊是很重要的，朋友或許會因為妳讓自己受了傷而唸妳、罵妳，但終究他們還是會照顧妳、支持妳。

四、時間不是解藥，但它是復元的必經之路；妳不能期待它會撫平所有的傷痕，因為不管多久，傷口仍可能隱隱作痛，畢竟一段關係的瓦解很傷、很痛，婚姻關係的結束更是如此。

于美人回來了！

美人常說：「我是一根腸子通到底、話說完就忘了的人，如果你聽了往心裡去，那是你給自己找困擾。」

十幾年前認識她時，她就常把這句話掛嘴邊，聽起來很霸氣又豪爽。但身為工作夥伴的我怎麼聽、怎麼不順耳，實在很難認同這樣的觀點，心想這是哪門子的歪理?!主持形象深得人心、感覺很有智慧、善於溝通的人，竟然如此不負責任。

後來漸漸發現，原來她是標準的「刀子口、豆腐心」，對工作人員的要求很高，但也常在下了節目後，主動關心大家。跟她共事過的人或多或少都收過她送的吃的、喝的、用的，各式各樣的東西。她總會在錄完影後，用不經意的口吻說：「某某，廠商剛送的這個伴手禮給你帶回家。」同仁當然會不好意思地說：「不用、不用。」此時她的刀子口就會說出：「你拿回去啦，我家已經沒地方放了！」再不然就是：「我家已經有這個了，我不要再一個，你拿回去會怎樣？」

通常同仁被唸到不得不收下，但心裡難免犯嘀咕，想著：「為什麼妳不要的東西要塞給我呢？」

看到同仁收下後，美人往往就會說：「剛出社會能省則省，這樣你就可以少花一筆錢了／這樣你明天就可以少煮一餐／這樣你就可以……」聽出箇中玄機了嗎？或許她家真的不缺、或許她家真的沒地方放、或許她家真的沒人愛吃，但重點是，她用一種很詭異（日後回想其實很溫暖）的方式在照顧周遭的人。

上述這般慷慨溫暖的畫面已經很久、很久不曾出現在她的生活或工作裡。有好長一段時間，她像是個沒溫度的人，不管對誰都一樣；得罪人她沒感覺，變成眾人眼中的鬼見愁她也沒感覺。我以前常被問到：「于美人是不是很難搞、是不是很機車、是不是很霸道、是不是很難溝通？」我會毫不留情面地回答，以上皆是。

「那妳怎麼還能跟她共事這麼久?!」大概我也是個怪咖吧！其實是因為看過她的真性情、不求回報地對別人好、用很奇特的方式關心朋友，總歸來說就是我始終相信她是個很溫暖的人，只是在混沌間暫時失溫，等清醒時應該又會釋放出熱情的溫度。

幾週前的某個週末夜，她打電話給助理交代事情，我聽見她說：「不好意思，假日還打擾你，但因為我怕我明天會忘記，所以……謝謝、謝謝，不好意思啦！」同一個晚上，她突然想到當天是某位同仁的生日，她又拿起電話：「某某，還在忙嗎……今天是妳生日還讓妳加班不好意思欸，明年一定不會發生了……辛苦妳了，生日快樂喔！」

看了看她，我有一種莫名的感動！比起從前，她變得柔軟而體貼，願意站在別人的立場去思考。

一場婚變，雖然讓美人失去了很多，但也讓她找回了被遺落已久的自己。我看見了多年前初相識時，那個溫暖、不計較、很誠懇的她。那個熟悉的于美人終於甦醒了，重新擁有原來的溫度，是多麼美好的事！

走過婚變那段最慘烈、頹廢的日子，她曾經以為自己再也不會開心起來。有一天我去她家，她突然感嘆地說：「我這麼老才單身，真希望有什麼妙方，泡一泡就可以年輕十歲！」

正在打電腦的我翻了個白眼，回答她：「有！泡福馬林。」

她愣了一秒，邊笑邊罵：「妳嘴巴怎麼可以這麼壞啊！太過分了！」然後，立刻打電話轉述給其他朋友聽，那幾天逢人就講這個笑話，講一次又笑一次。好久沒看見她這樣開懷地笑了，還好她的幽默感沒有被淚水淹沒！

以前她總是很有自信地說她不是靠美貌吃飯、也不是靠身材吃飯，是憑智慧吃飯的女主持人。婚變之後，我跟她說：「妳沒有美貌、也沒有身材，現在還被大家發現其實妳也沒啥智慧，因為事情處理得一團亂，我覺得妳是靠老天疼愛吃飯的成分居多！」

當然，這只是好朋友之間的玩笑話，美人真的是位專業度滿分的主持人，製作她的節目很過癮，總能有很多意想不到的收穫，每一場錄影都很值得全神貫注地欣賞她的主持。

只是女人嘛！碰到感情難免失常，不管她未來能否遇到懂得欣賞她的Mr. Right，都希望她能保有自我、保有那古怪但令人暖心的親切特質。

PART
3

點亮心中的燭光

別怕短暫黑夜

看見生命的禮物

前陣子，娛樂圈因為一位歌手的婚後出軌話題，沸沸揚揚。這個事件突然令我很有感觸，於是我在臉書上寫下：

一生很長，但也很短！長到你無法預知未來會遇到多少最愛、至愛或是極愛。短到你可能來不及付出所有的愛，或是回報你所承受的愛。

想到Penny，我會很心疼！新婚的喜悅像流星般地短暫，生命的功課如此艱難。分享心玲的新書《找》的一段話給Penny：「時間代表能量的凝聚，你想跟什麼樣的未來自己相遇？就看看你自己，現在和什麼樣的心境形影不離。」

後來有許多臉友回應說，看不懂我所引用作家心玲那段話是什麼樣的涵意，於是我又試著換了個白話的說法：「如果你一直泡在醋裡面，那你將來就會是酸的！」

人生際遇百轉千迴，一定有高也有低，如果我們身陷低潮、沮喪，遲遲沒辦法讓自己走出來，那你就勢必一直沉浸在那個不好的情緒裡面，時間越久，壞情緒是不是就越根深柢固呢？

不要以為自己一個人可以過得去，幸好有太多人願意伸手拉我出來，有太多口水把「醋」稀釋了，否則，我現在就是另一個人了，可能是一個仍不知道自己問題在哪裡，只會一味自怨自艾、把自己搞得可憐兮兮的失婚婦女。

法院只是解決法律文件上的問題，在法庭之外還有很多事情，心理的、生理的部分要處理。本來我認為事情結束了，就可以開始新的人生，誰知，事情沒有那麼簡單，我的身心都垮了！於是展開長達一年半的療傷。

一開始天天都充滿傷感，也無法出門見人，後來我強迫自己至少可以在國外見見朋友；一直到現在，我的情緒已經藏到了很角落的深處，必須經過一番挖掘，才能好好釐清當初的心情。

有一個朋友曾經跟我說：「美人，每一個挫折跟困難，它一定會給妳一份禮物，妳要有能力看到禮物，才能得到它帶給妳的成長。」

的確，婚變對我而言就是一場痛苦的覺醒，是一段宛如火焚的試煉，但如果我只專注於自己受到的傷痛，那我就看不見蛻變後新生的自己，就沒有拿到那份禮物而白白受傷了。

就像腿受傷了、斷了，打上了石膏，但我們不要只專注著「腿斷了」，而是去想：「至少石膏拆掉的那隻腿會比較細、形狀會比較好看，妳不是一直希望自己能瘦腿嗎？」

我知道這樣的話說來輕鬆，實際要做到真的很難，狀況最糟的時候，我也曾經不看報紙、電視，也不上網，只希望能盡快解決眼前的問題，結束這場鬧劇。但我告訴自己，我不能消極、不能倒下，我不能等哪天起床心情變好了，才要振作起來；無論我心情恢復與否，都應該要繼續出門工作，讓大家看見離婚後的我變得更好、活得更自在。

承認自己需要幫助

婚變的那一年，感覺時間流逝得很緩慢，雖然大家看到的于美人變瘦變美了，還照常工作，但其實，私底下的于美人很脆弱、很愛哭。

《新聞挖挖哇》的企製重遠問過我：「美人姊，妳是雙魚座的嗎？」

我頭都不抬地回答：「我不是雙魚座，我是鐵做的。」

你看，我曾經自認是多麼精明幹練的女人，沒有一點浪漫天真的姿態。

但那年，我感覺以前那個無所不能的女強人崩毀了，心裡交雜著好多好多複雜的情緒，面對數不清的前塵往事，我不知道該抓住哪條線，才能把一切混亂理清楚？身為女人最痛苦的是，都已經和對方開戰了，心中卻還在希望這一切都沒有發生過，茫茫然不知道該如何結束。

於是我投降了，我承認萬能的于美人這次搞不定了，「我不會、我不行，我處理不了！」她終於說我需要幫忙，我需要向外求援。

「承認自己不行」這一點，對我而言是很大的進步和轉折，也很幸運的，我身邊的朋友都願意給我正面的支持。當我明白，靠自己沒辦法解決事情的時候，我決定接受朋友的開導、聆聽他們的意見，我還去看了醫生，也願意坦承自己的心境，這些都是我以前不會做的事。

既然需要幫忙，那請記得，你就得誠心接受別人的意見。因為，如果你自己原本的做法是對的話，那你還會走到今天這種糟糕的地步嗎？想要改變，如果還用原來的方式去做，路只會走得更窄，也會走進出不去的死胡同，所以這種時候，聽對建議是很重要的。別讓自己被舊有的做法、既有的刻板印象給限制住了。

溫暖的雪中送炭

「錦上添花易求，雪中送炭難得。」以前的我沒經歷過媒體的窮追猛打，還無法感同身受這句話的意義。無助時刻，朋友一句簡單的關心、一個小小的舉動，都能令我潸然淚下。

有傳言前夫曾放話說：我的事業都是睡來的，我聽了很難受，某天我對我的事業夥伴余湘說：「妳跟我睡一下好不好？」她竟然說「好啊」，立刻跟我合拍了一張我們睡在一起的照片。我非常感謝余湘和她的先生吳哥哥，在那段時間給我很多的幫忙跟理性的建議，還有正面的思考。

當時，一些朋友也對我伸出了溫暖的友誼之手。其中一位朋友是秀秀，她得知我和前夫居住的房子租約即將到期，陪著我四處去看房子，結果都沒有找到令人滿意的房子。最後我決定把幾年前買的房子重新裝潢一番，自己搬進去住。秀秀還介紹了一位設計師給我，巧合的是，那位設計師也叫James。

有天我和秀秀說要和James碰面，秀秀聽了，耳提面命地告誡我：「請妳一定要忍耐，不要激怒對方，也不要被激怒了！」我心想，這個設計師可能脾氣不太好，還是少說話為妙。所以第二天開會時，當他問我：「妳希望客廳走什麼樣的風格？」「妳想要搭配什麼顏色的磁磚？」

對於設計師提出的各種問題，我都一一搖頭：「沒有，你決定就好！」設計師回去後告訴秀秀，從來沒遇過像我這樣、一點意見都沒有的業主，讓他感到十分納悶。

「妳不是說，叫我不要激怒對方？」

這時秀秀才恍然大悟，我口中的設計師James並不是她以為的前夫James。

雖然是烏龍一場，但我真的很感謝秀秀，陪伴我度過那段兵慌馬亂的過渡時期，也讓我有了一個美麗又溫暖的窩。

強大的親友支持

另一位跟我僅是同車之緣、才認識不到一天的Yvonne姊，是秀秀的朋友；她聽我在車上說到自己飽受失眠之苦，親手為我調製了一罐精油，第二天還特別送到我家來。後來我們一起吃飯、一起做菜，每次我一有什麼小病小痛時她就調精油給我，甚至跟我分享她是怎麼走過婚變低潮期的，把她自己的內心打開給我看，帶給我數也數不盡的溫暖。

我的兄弟姊妹、家人，總是在我有任何狀況時，隨傳隨到。還有永遠不關機接我電話的最佳聆聽者——美卿姐。

彭太太是我廣播多年來的忠實聽眾，從婚變發生後就一直煮好吃的送來給我。那年的端午節，我心情差得連一顆粽子都吃不下，但我仍記得她包了粽子來，而且還是女兒愛吃的一味。

工作上的夥伴們也是，《新聞挖挖哇》的老闆吳健強、總監常立欣、搭檔鄭弘儀和工作人員，三立的張總和淑娟姊，都一直支撐著我；還有製作人玉川，當時因為闖入事件不得不請假，正在錄製的紅人榜就這樣停棚等我四小時。

要感謝的人太多太多了，有很多好朋友默默從背後伸出手扶住我，無法一一點名，但每一個人我都默默記在心裡。

我也因此知道，陪伴是一件多麼重要的事。如果有朋友遇到婚變時，你可以給她的最大幫助就是陪伴，不論何時何地，只要她需要支持時，你都可以陪伴在她身邊。其實一路上幫助我的朋友真的好多、好多，他們都是我的貴人。

聆聽也是一種關心

我很感謝認識不久的Kelly姊，她為了與我聊天、給我幫助，特地訂了一間很棒的餐廳，邀請我一起吃飯。後來，有一個名女人離婚了，我看她的狀況也是很糟糕，於是對Kelly姊說：「妳願意把妳對我的幫忙，讓我們一起來幫助這個女生嗎？」

接著，我們透過各種方式把那個女生約了出來，陪她吃個飯，跟她講：「妳可以更好，妳可以怎麼做怎麼做……」我們把溫暖的感覺又傳遞給了下一個人。那個女生很謝謝我們，因為她很年輕就成功，所以同年齡的女性沒有辦法體會她的困難，我們願意出來跟她說說話，她很感動。

當你有困難的時候，有人願意跳出來幫你，這會讓你覺得「其實你沒有那麼孤單」。

那天晚上，我比較多時刻是扮演聆聽者的角色。以前的我，常常是跟人講完自己要講的話就走了，但後來發現，人跟人相處不能這樣，現在的我會再等一下，聽聽對方有沒有什麼話要講。

婚變之前，我的化妝師婚姻出了問題，還在傷心期，我卻沒問她心情如何，只一直催促她快點去買房子，趕快把自己安定下來。但對方覺得「妳怎麼沒感受到我的痛苦？」後來自己親身經歷，才知道這種事是需要療傷期的。

我常打斷她的話說：「妳沒時間傷心了，趕快去買房子，就買南港好了，這種有漲幅的地方。」其實我真的應該要先聽她講完心事，聆聽之後，再來給她建議會比較好。所以我的朋友常虧我，雖然我很喜歡照顧人，但方法總是很另類。

享受單身，尋找可能

我很想跟所有的女性朋友說，妳們從年輕時開始，就要培養愛自己的能力。

我的諮詢師宋老師曾經教我每天要為自己做一件事，但那時我突然發現，我不太知道自己要做什麼。一直以來，我始終背負著很多責任在過日子，我曾想像，如果某天沒有了那些責任，我竟然有點不知道該怎麼生活。

有朋友問我，還會想再談戀愛或是結婚嗎？其實對我而言，單身或許是此刻最好的狀態，為何單身就一定是過渡時期？不一定非得選擇單身或非單身，至少現在的我很自在、很享受，可以自己支配自己的時間與人生。

我已經決定，以後每一年，我都要做一件以前沒做過的事情，想為自己尋找更多的可能性，不僅僅是享受生活，也可能是追求愛情。

從重生的那一天開始，把自己活得更好，迎接旭日東昇的明天。雖然，有白天就一定也會有黑夜，但是黑暗不足為懼，只要你看得見窗外那為你而亮的月光。

傾聽，是最溫暖的陪伴

◎何怡雲Yvonne（友人）

美人說……

跟Yvonne姊認識，是在朋友秀秀家的飯局，我要回家時她順路載我，她看我滿臉痘痘，內分泌失調，隨即說：「我給妳精油。」第二天，就送到我家來了。

Yvonne姊就像個大地之母，有什麼頭疼腦熱的，她立刻就把精油送來給我。我很訝異，一個認識見面不過幾次的朋友，彷彿跟妳有共感似的，總能在我情緒最低落的時候，傳來一個溫暖的問候。

記得有一次我去香港開會，清晨六點，一個人在旅館的大床上醒過來，那時我被狗仔盯得正緊，只好用各種工作離開台灣。突然，手機來了Yvonne姊的簡訊，她說：「我在巴黎聖母院，幫妳點了蠟燭。」

我的眼淚隨即止不住地湧出，因為，好朋友李昂和謝忠道也曾經在巴黎聖母院幫我點了蠟燭，那一年聖母院裡有好多蠟燭都是為我而點的。

我好想再回到巴黎聖母院，為我自己點一根蠟燭，也為我所有的朋友點一根蠟燭。只是，我從婚變之後，就一直沒有機會再去巴黎。

朋友間的溫暖，對我來說就像那盞燭光，即使在最黑暗的時候，也熠熠生輝。

一頓晚餐，一場朋友的真心話

認識美人時，她的家務事正鬧得沸沸揚揚，一個知名電視節目主持人，給人的形象向來聰明幹練，事業家庭兩得意的成功女性，婚變對其形象的衝擊可想而知，她大概也沒辦法相信，有這麼一天會面臨如此失控的狀況，天天登上新聞版面，將家事隱私全攤在媒體與大眾眼前。

當時，我們並沒有很深的私交，僅在共同友人的聚會上有一面之緣，那時的她神情憔悴、滿臉的痘子，像是失眠、失神的狀況。當晚在順路送美人回家的路上，短短一小段時間的交談，讓我看見私底下的她，對人的真誠非一般媒體人的表面態度，因而留下很好的印象。

隔沒多久的一個星期天，我突然接到美人的電話：「Yvonne姊，吃飯沒？可以一起吃飯嗎？」

星期天管家休假，正在與女兒一起吃管家預留的晚餐。我告訴美人：「來我家吃飯吧！」再把剩飯剩菜熱了一下，就與美人輕鬆地邊吃邊聊了起來。

也許，因為我不是娛樂圈、媒體界的人；也許，因為我也曾經從破碎的婚姻中走出來，可以理解她的處境；也或許，她只是需要一個讓她有安全感、安靜理性的聽眾……

那一天，我直言不諱地說，她曾不只一次在節目上談論與夫家的私事，將婆媳問題搬上檯面來說，就種下了跟夫家決裂的因。家務事本來就有理說不清，大家只聽到「十年不回婆家吃年夜飯」，多年積累的糾葛和箇中原委，根本就沒機會講明白，觀眾也不見得想搞清楚，只會留下一個「于美人跟婆婆不和」的印象，對她來說是有殺傷力的。

那時，她的家庭正處在混亂狀態，雙方關係很緊繃，對方親友又不時在媒體放話爆料，這種狀況之下，她的壓力可想而知，腦子根本無法清楚思考。

一個肩膀，一番衷心建議

我不想批判美人前夫的對錯，畢竟我僅是旁觀者，對於他們夫妻間長期累積的問題，無法公平地評論任何一方對與錯。

但我想，過去十多年來，美人可能寵壞了這個男人，讓他對很多夫妻間的相處失了分寸，對美人一直以來為家庭的辛勞習以為常，面對妻子付出所應給予的體諒與安慰卻付之闕如，這樣惡性循環的相處模式，長期下來自然造成了家庭問題。

常聽到離婚婦女抱怨：「一輩子都為了這個家庭付出，竟然落到離婚收場？」我總覺得不需要這麼哀怨，畢竟妳對家庭的付出也是自願的，不是人家要求的。當妳認為自己每天煮飯很辛苦時，或許對方只需要妳一週下廚五天，空出兩天來，好好陪他聊天。問題就出在，大家都按照自己的方式付出，而付出的方式到底是不是彼此要的呢？

我提醒她，很多事都不要再回應了，才能讓一切漸漸平息。

她曾在我面前情緒潰堤地大哭一場，當時她剛從法庭出來，一下子心情無法平復，直接殺到我家來。事後，她頻頻道謝，還很不好意思地說：「我從沒想過竟然會在剛認識的朋友面前哭泣。」其實，我自認沒做什麼事，只是給她一個溫暖的肩膀，一個可以釋放的出口罷了。我給她的意見不多，只是告訴她：「讓自己冷靜下來才能做出理性的思考和決定。」

如果婚姻走到盡頭，確定無法過要分開時，那些雞毛蒜皮的恩怨也不重要了，耿耿於懷只是折磨自己，過去就讓它過去了。凡事只能理性地以大局為重，著眼於孩子的未來，除此之外，其他都無須太過糾結。有什麼不平，能忍就忍了；有什麼委屈，能吞就吞下吧！學習如何投降也是讓自己成長的一個方法！

我不出餿主意，也不替她打抱不平，只是建議她，既然是經濟比較優勢的一方，該付的就付，盡快達成共識，其他的就不需太執著。孩子的監護權，尊重子女的意見，他們都已經是青少年，撐過這幾年也就成年了，孩子是不會忘記父母的。

另外，不要忘記，離婚後，前夫還是孩子的父親，要留一步路給彼此。

一點陪伴，一個過來人的故事

我自己也曾走過婚變的歷程，學會把許多事情看淡，也體認到離婚並不是簽完字就解脫了，接下來要面對的現實問題，才正要開始。

離婚那年，我才二十幾歲，存款不到十萬元，唯一的女兒才五歲左右，談到監護權時，我讓前夫先選，他當然要女兒歸他，之後才發現帶孩子不容易，三個月後又送回來給我。我就這樣獨力扶養女兒，沒要求對方負擔教育費，也沒爭取監護權，更不限制他們父女見面。我的想法是，與其花時間去跟他爭，不如把那個時間用來充實自己、努力賺錢，比較實在。

身為一個單親媽媽，我可以選擇當個好媽媽、好好照顧女兒，但是我發現自己對孩子缺乏耐心，且當時收入也僅夠母女的基本生活開銷，不可能有任何能力購屋，或給子女好的教育，因而選擇全力投入工作，創造人生新的可能性。我把孩子交給保母帶，或是托給娘家媽媽照顧，直到女兒高中畢業時，已經打拚到有穩定的事業基礎，且有能力送她出國唸書。

選擇了工作的代價是，我成了一個在孩子成長過程中經常缺席的媽媽，母女關係到她在倫敦唸大學時才得以大和解。但是我並不後悔，我是個理性多於感性的人，習慣冷靜、思考、分析、抉擇，而不用情緒做決定，才不會讓自己有後悔的一天。

單身的好處是可以做自己，很多事情可以自己安排，不需要太多顧慮。

四十六歲那一年，我就短暫離開職場，放下台灣的一切，重新唸英文、還到英國進修，用三年的時間完成碩士夢想。

過去我花太多時間在事業上，現在有幸可以認真享受退休生活，按照自己的想法做安排，每週固定上瑜珈課、學大提琴、練琴、鑽研精油芳療，加上經常和朋友聚會，每年安排幾次的旅遊，生活過得充實有趣。

優質老伴可遇不可求，好的緣分不需要排斥，沒有也不必勉強湊合，好好安排自己的生活才是重要的。我常自許未來要做個優良老年，不要做個惹人嫌的不良老年。我想做個活得精采充實的單身貴族，而不是抱殘守缺地面對無藥可醫破敗的婚姻，或是成為把寂寞掛在嘴邊、自怨自艾的可憐蟲。

分享這些心路歷程，美人常跟我道謝，我都說：「不要謝我，這些都是妳自己做得到的，我只是給妳一點點陪伴而已。」

一顆為妳祝福的心

美人本來就是個很聰明有內涵的女人，很多事情自己會去沉澱、消化，具有理性面對問題的智慧。我並不擔心她的處理能力，但也沒放下關心。有一次我去法國旅遊，到了巴黎聖母院，就幫她點了祝福的蠟燭，把照片傳給她，惹得她哭了一場。要從一段破碎的婚姻中真正走出來，大概需要三年到五年的時間，聽起來好像很漫長，過了若干年後再回首，離婚其實也只是人生中的一個事件罷了，很多問題都不再是問題。

在我看來，美人的智慧讓她很快地從失婚中回過神來，開始重新規畫、定位自己，不再留戀當個好太太，但一樣可以當個好媽媽。恢復單身的她，更有時間充實自己，成為都會新女性的代言人。

人生必有得失，接受現實學會甘願，甘願受的苦就不再是苦，甘願就少了抱怨，少了抱怨人生就會多些快樂，得與失真的都只是在轉念之間。

練就承受痛苦的能力

◎ Kelly（友人）

美人說……

第一次與Kelly姊見面，她一開口就對我說：「喔！美人，妳是很棒的，我希望跟妳聊一聊。讓妳好過，可以幫助更多的人。」

她是廖苑利醫師介紹我認識的朋友，碰過面後，我們便相約吃飯。

Kelly姊約了我在一間朋友開的私房料理餐廳見面，那裡一天只接待一桌客人，那天我一進去就感覺氣氛非常棒，擺飾得很美的餐桌，還有著燭光、音樂、佳餚與美酒，而這一切只為了讓我放鬆心情，可以好好聊聊。

這件事讓我感受到，這個人是真心想幫忙妳的，她不是因為妳是于美人而來。

Kelly姊告訴我：「不要對這個男人抱以任何的希望，妳就不會難受了。」

我說：「為什麼不抱希望，我希望他改好啊！」

她說：「他不會改成妳要的好，因為這就是妳痛苦的來源。」

那一次她跟我分享了很多事，讓我覺得很開心。

人生的際遇有時會讓妳認識一些很特別的朋友，Kelly姊就是其一，她是一個全身穿名牌、潛心修佛法的人，我覺得很棒，更感謝這美好的緣分。

有一次我在電視上看見于美人婚變的新聞，看到她在大眾面前崩潰失控，感受她承擔巨大的壓力，心中希望能有機會可以跟她談一談。結果心想事成，不久後我們就在一個很特殊的狀況下巧遇。

接下來我們相約吃飯聊了很多，她也很認真地做了很多筆記。

印象中，螢光幕前的她總是自信而直率，說起話來很有說服力，給人的感覺心口合一；勇於表達自己，經常講出多數人的心聲。這是她特有的魅力和風格。

但是經歷婚變之後，她整個人似乎都退縮了，變得很淑女，講話溫溫的，微笑淡淡的，讓我很不習慣。

「為什麼要這樣？完全不像妳了。」我直截了當地問她。

「有人在網路嗆我，婚姻失敗還有什麼資格談兩性？」

「怎麼沒有資格？好的教練又不一定是好的球員。」

我提醒美人，不要因為婚姻挫折而失去自信。

失敗有這麼重要嗎？人生要面對的失敗很多呀！我們天天都在減肥失敗但還不是天天在減不是嗎？

讚美與毀謗有這麼重要嗎？世界上不管你有多好或多壞總還是有人讚美或毀謗你的。

人生不需要每天在成敗中打擊自己，不如抱著平常心、泰然處之，把該做的事做好；減肥也是一樣，先設立一個理想體重，胖瘦在那左右徘徊都沒關係，只要一直努力持續往理想值靠近就好，不需要每天跟著體重的高低心情起起伏伏，這樣才不會有包袱，人一有包袱就會寸步難行，這樣往往更能達到目標。

我以女人的生理期來做比喻，人生中有很多挫折和困境，就像月經一樣，都是很多人也正在發生的事，只是大家不會攤開來昭告天下而已。如果妳能多關心一下身邊的人，就會發現別人也正在經歷經痛；而經痛也不是妳專屬的，很多人都痛過。這樣一想，就比較不會慌張，也比較有同理心。處理月經有很多方法和產品，面對婚變或是外遇，也有很多方法可以幫助妳讓自己好過一點。

一、首先就是不要那麼怕痛，這種痛會讓我們成長，這是會讓我們成長的痛，所以要接受它，人生受一點傷沒有關係的。有多少女人受過被劈腿、被拋棄的傷？跟生老病死比起來，這只能算是普通級的傷，如果這都過不了的話，如何面對生離死別的痛？

練肌肉時，沒有經歷一定的痠痛是練不出來的；同樣的，沒有經歷一些痛就不容易長智慧，也無法同理別人的痛。

二、再來就是不要以為這是個人專屬的，這是現今社會幾乎百分之九十的女人都要經歷的，特別是我們女兒這一代，為了她們，我們也該好好學習這個課題。

三、不要失去愛和關懷，把自己的感受縮小一點，把別人的痛放大一些。

兩人分手，男方即使是犯錯、即使有了新的戀人，不代表他不傷痛、他沒感覺，男人常常不擅表達，多想想兩人在一起快樂的時候、他對妳好的時候，畢竟這不是結婚時大家的初衷。

我常碰到朋友向我哭訴老公外遇時，幾乎都是一樣的表情。她們眼露恨意、咬牙切齒地說：「他怎麼可以這樣傷害我？他對不起我，竟然……」

我們都聽過一句話：「施予比接受更快樂」，也知道不求回報的助人最快樂，但是在愛情中，卻很執著地要求回報，付出一分就要得到一分，「我這麼愛你，你一定也要永遠愛我！絕對不能愛別人。」

人是會改變的，或許我們也要坦然接受人會有變心的可能。即使對方不再愛你了，也不需要恨之入骨，更不要一直把自己埋葬在悲傷裡。應該感謝那個人勾起過你內在極限的愛，重點不在於他值不值得愛，而是你內心有愛的能量，所以千萬不要因此失去愛的能量，更不要懷疑自己的價值。

我勸她「一切都先歸零，再重新出發」。

做人不要一直想著過去，無論過去有多美好，都跟昨天的夕陽一樣，已經不見了。但也無須感傷，明天的朝陽一樣會升起。

群眾是很健忘的，輿論關注的焦點很快地又會被新的事件取代，一個新聞蓋過一個，風風雨雨總是會過去的，這些紛紛擾擾都會有落幕的一天。

美人走出婚變後，變得越來越美麗自信，我覺得非常好，也希望她不要失去原本直率敢言的風格，那是她最美的狀態，我希望她保有自我，活得自信、坦蕩。

她是個很現代、有智慧、心態OPEN、可以廣納百川的女性，性格溫暖又樂於分享，這些都是很美好的特質，也是她受人喜愛的原因。

我對她有些心中的期許，希望在未來可以多做些啟發別人智慧、特別是對女人有帶領作用的節目，探討一些深入的議題，那會非常有意義。

女性角色在社會上非常重要的；我相信，一個國家如果母親的觀念都很正確，就會教育出更好的下一代。我很看好她的潛力，希望她在這方面能有很好的發揮。

我曾經在網路上看到一對韓國藝人的婚紗照，男的帥、女的美，新郎的笑容很得意，新娘的禮服肯定也花了很多心思，但事隔一年，就傳出了離婚並陸續自殺的事件。哪一對夫妻結婚時，不是高高興興地走進教堂，期待從此過著幸福美滿的日子？沒有人結婚時會料到有離婚的一天。

那些幸福喜悅都是真實擁有過的，不能因為現在改變了就被全盤否定。

我相信，曾經彼此用心對待過，這份情感就會一直存在。

我很喜歡一首日文歌，叫做《殘春》。

歌詞大意是說，人生是悲傷也沒有關係。季節開的花，是到了季節才會開，心裡的花卻是二十四小時都開著，是快樂也好，是悲傷也沒關係，花開也好，花謝也好，都好好地看過就好了。

面對人生是應該要有這樣的心態，花開花謝都是生命的過程，但是人們卻往往太努力逃避悲傷。

我們讚歎開滿一樹的櫻花很美，卻嫌棄掉落在泥裡的櫻花，但它也是櫻花啊！

人生怎麼可能一輩子在枝頭綻放？總會有踩到爛泥的時候。想想看，如果你今天搭飛機時遇到亂流，大概會想著要是雙腳能踩在爛泥上，實在太好了。

所以，一件事情的好壞，完全是看你選擇如何去看待。

離婚不是失敗，在婚姻裡也不是成功。多少人離了婚還是怨恨對方，又多少人在婚姻裡也是怨恨對方。

我們無法控制外面的天氣，但是我們可以強壯我們的住所，並有效地做一些預防措施。

我們無法控制外面的病毒，但我們可以強壯自己的免疫力，並有效地做一些預防措施。

我們也無法在人生控制我們會遇到的人與事，但我們可以強壯我們的心（以利他來強壯）並做一些預防措施（智慧的選擇）。

人生的道路很漫長，我們要趁早把負面情緒洗掉，把習慣吃一點虧、習慣體諒、寬容別人，當作重要的功課來練習。

如果你不希望那些心中的陰影，到老都跟隨著你，就要在心中多儲存一些正面的能量，把負面能量釋放出去。

失婚的人，最怕一直活在仇恨悲情裡，不要輕易恨一個人，被恨的人也不會少一塊肉，恨只會侵蝕自己的心，讓自己變得面目可憎。

把恨放下，才裝得下幸福。

幸福是自己從生活中去體會的，心中擁有幸福感的人，就是最幸福的。不管有沒有伴侶都一樣，就像是跳舞是要有自己的重心，跟你共舞才會覺得很舒服，無論單人舞或是雙人舞，都會有美麗的舞姿。

脆弱，是最勇敢的堅強

◎盧萬萬（友人）

美人說……

萬萬是我在工作上認識十幾年的朋友，我們很少聯絡，沒想到在我最孤立無援的時候，會接到他打來的電話，還邀請我到上海去。

一場婚變曾經讓我整個人挫折到不行，覺得這件事情自己怎麼會處理成這樣？虧我還自詡是「台北喬王」！

跟一般女人不一樣，我身為公眾人物，身上背負著來自媒體的壓力，那時，在每天私生活被曝光、名譽被中傷的情況下，我簡直連呼吸的空間都沒有，只好暫時離開台灣，尋求一點放鬆的機會。

那時萬萬建議我，不妨採取「焦土政策」，要轟炸就乾脆放手，讓他們去轟炸吧！既然已經遍地荒煙、寸草不生，那也沒什麼好怕的了。而且到了絕境時，反而可能有一線生機。

於是我放下了，要自己不要著急、試著什麼都不管，媒體給我再大的壓力，我都不需要承受。

事實證明，再嚴寒的冬天都有過去的時刻，雖然衝破堅硬的土殼很痛，但春天的嫩芽還是冒出頭了，不是嗎？

來自遠方的問候

「妳來上海吧！」這是于美人婚變事件正鬧得沸沸揚揚時，我對她說的第一句話。

那時我在上海看到她的新聞，以及她在媒體包圍下憔悴落淚的畫面，立刻打電話給她，還來不及說什麼安慰的話，她竟然馬上把電話掛斷。我心想，她是不是心情太差，不想跟朋友說話？約莫過了數十分鐘，她回電給我：「好！那我下星期哪天過去比較好？」

這就是于美人，既直接又阿莎力的女人！

後來我才知道，她掛斷我電話時，其實是因為一時百感交集、無法言語，在電話那端大哭了一場。

美人跟我相識於十多年前，當時我請她擔任產品代言人，在電視購物頻道創造了不錯的業績，雙方合作愉快，因而成為朋友。她很訝異，當自己因為婚變事件成為眾矢之的時，一個鮮少聯絡的遠方友人竟然會打電話來，讓她感到很溫暖。

笑也難掩的落寞

美人來上海時，我去機場接她，遠遠就看見她一手受傷用綳帶吊在胸前，另一手拎著一個公益蛋糕，從台灣一路小心翼翼地帶來給我試吃，真的很有心，這一幕也讓我相當感動。

那一趟「散心之旅」，我替她安排了許多美食饗宴，希望平常熱愛美食的她能夠藉此放鬆心情。第一天晚上，我還特地選了一家可眺望上海外灘美景的高級餐廳招待她，大家一邊品嘗著西班牙料理、一邊嘻嘻哈哈地閒聊，美人喝得微醺，紅紅的臉蛋掛著淺淺笑意，但眼神之中卻難掩落寞，顯然美食、美景、好酒當前，也無法讓她開心起來。

那幾天，我偷偷觀察著她，雖不至於哭喪著臉，但眼神始終是失神的，跟螢光幕前神采奕奕的模樣大不相同；此時的她不再是主持界的大姊大，而是一個平凡脆弱、心靈受創的女子。

為了哄她開心，我們特地帶她去一家台灣人開的冰店，店名就叫做「芋美人」，在那裡遇到幾位台灣人，熱情地找她拍照；看她稍微露出開心的笑容，我想她內心還是非常在意群眾對她的態度和觀感。

之後美人陸續來了上海四次，儘管新聞事件漸漸平息，她還是會不經意地流露出落寞的神情。

有一次，她去找按摩師傅推拿，師傅先把脈，再按到她異常僵硬的肩頸，就問：「妳為什麼這麼傷心？還是遇到什麼困難或挫折？」她一聽，突然痛哭失聲，當場把師傅給嚇壞了！

美人的肩上扛了太多責任，也承受了一些外界不理性的抨擊。但她在最艱苦的時候，還是一直堅守工作崗位，畢竟身為一家公司的老闆，她必須讓公司維持正常運作、保障員工的飯碗，還要努力保護家人。我曾經勸她不如先放下一切，讓自己休息半年時間，跟我們幾個朋友一起去唸ＥＭＢＡ，但她始終放不下。

跌到谷底，就做最壞打算

出道以來一帆風順的她，事業一直處於高峰，這次婚變事件讓她的人氣像溜滑梯一樣，瞬間向下滑落，但是她又不甘心地硬撐住，試圖和輿論壓力對抗，反而讓自己更屈居劣勢。依我所見，不如乾脆就讓自己滑到谷底吧！一旦到底了，至少不可能更差，再來就只會往上。

美人是個很好強的人，但我常提醒她不需要逞強，保護自己最重要，一時的意氣之爭並不重要，當所有指責來了，只能勇敢去面對。

我勸她不妨採取「焦土政策」，就好比打仗時不可能把完好的城池、糧食留下給敵人，寧可一把火燒掉。同樣的道理，當妳已經沒什麼事情好讓對方爆料、媒體再也挖不到新聞時，也就沒什麼可以被威脅了，這時反而一切都好談，無須再多拉扯。

離婚夫妻最糾結的無非就是面子、財產，她都做了讓步，唯一的堅持就是孩子的監護權而已，還好後來雙方也達成了協議。

這就是美人的優點，邏輯能力強、一點就通。缺點就是個性太過樂觀，凡事往好的地方想，有時候太正面思考，往往會忽略替自己做最壞的打算。

或許，這就是她人生必須經歷的一段過程吧！夫妻會走到今天這個地步，絕對不是一天造成的，既然遇到了就想辦法好好解決，盡量讓事情早日落幕。結束一段關係固然令人難過，往好處想，以後不必戰戰兢兢地勉強維持一段不愉快的婚姻，也是一種解脫。

柔軟、善良與熱情的妳

經歷婚姻挫折，許多人需要花好多年時間平復，甚至終其一生走不出來。我有一個女同學就是如此；她原本在金融界工作，表現非常優秀，婚變後患了重度憂鬱症、厭食症，長達七年時間沒辦法工作，因為先生的外遇對象竟是她的好友，這個嚴重的背叛讓她始終走不出來，生活中只有狗狗相伴。

相較之下，美人算是勇敢的女性！婚變至今將近兩年，我看見她不僅已經恢復了大部分元氣，還有一些不錯的改變。她變得比以前柔軟許多，過去意氣風發時，她總是行程滿檔，朋友要和她講上幾句話都很難；現在，我們又重新拾回了一個好朋友。

我很慶幸看見她並沒有因為受到婚變的打擊，而失去待人的熱情，她本來就是一個熱心的人，只要她認為對的事情，就算對自己未必有好處，還是很願意去做，不太會斤斤計較。

她也默默做了許多善事，像是在台灣做公益蛋糕已有七年的時間，經常出錢出力，拋磚引玉；因為她的緣故，我們在上海成立了公益蛋糕慈善基金會，幫助江西贛州偏遠地區的兒童，也跟上海兒童醫院合作，捐助血癌病童病床。

最近有機會和美人碰面，我看見她又很有熱忱地規畫事業的藍圖，但我更希望她能好好規畫自己的演藝工作，更上一層樓！相信像她這樣有影響力又熱心公益的藝人，一定可以締造一番成就。我衷心期待著，足以展現她的實力和智慧的代表作出現。

無論事業多成功，美人跟一般女人一樣，憧憬愛情、渴望幸福，因此我們這些關心她的朋友，誠心祝福她找到一個真正懂她的好男人。

重生，是最嶄新的改變

◎許常德（作詞人／作家）

美人說……

許常德是一個思路很活、見解很獨特的朋友，總是會有許多連我也嘖嘖稱奇的言論。處理婚變焦頭爛額之際，許常德每次見到我就恭喜我。

其實，以前的我，就是他說的那種「在外大女人，回家小女人」，被卡在非傳統與傳統夾縫間的女性。這社會期待的，夫妻要同進同退，但夫妻本來就是兩朵雲、兩匹馬，各有各的速度，只要方向一致就好，為何一定要期待女人是跟在丈夫後頭走呢？

人困在婚姻裡，有時很多事情你就會不去探求，不去搞清楚它，想說大家就這樣混日子過下去吧！當你知道努力也沒有辦法的時候，人的潛意識常是寧可擺爛的，直至爛到它爆發的那一天。

過那樣的人生，我覺得很可惜。

有對夫妻朋友倆方叔跟方嬸曾經替我卜過一卦，卦辭寫什麼我已經不記得了，但卦辭裡有一句，對當時的我來講就是一個願景，因為所有離婚的婦女最怕的就是孤單一人。

「晚來江上有相依。」

當時，我仍不知道那個「依」是誰，但現在的我知道了——

那個依，就是懂得安住、迎接新生的自己。

大女人與小女人

我常跟美人說，時代變了，兩性的角色定位要調整，誰擁有經濟大權誰就是扮演傳統的父權角色，要參考一下過去有錢男人是怎麼過日子的？父權社會的歷史很悠久了，男人的生活模式不是沒有道理的。

我碰過一位家世很好的外商老闆，是當地排行前幾名的首富，他的孩子從小就被教育要知道自己的身家，要有富人的思維。做人處世雖然要低調，但是消費能力跟一般人確實不同，要習慣看與自己身價相符的東西。

我曾看過他拿一百萬現金給一位伴遊女郎，其實對方兩天的收費只需兩萬元，但是他認為，一百萬對自己而言是小錢，對這個女孩子來說卻是一筆可觀的收入，收到這樣的「大禮」，相處時的態度自然會特別好，彼此都會開心。

講這些有的沒的，美人常會笑著罵我：「你在想什麼啦？」

舉這個例子，我想要表達的是，妳就是比較有錢的一方，是真的，不需要假裝。妳就是家中支柱，能力強的一方，也很難刻意掩藏。

這個世代有很多女強人，事業經營得有聲有色，在外面呼風喚雨，明明就是大女人，但是偏偏又有傳統的觀念，回到家馬上要變身為小女人，可是骨子裡的強勢卻很難藏得住，面對事情處理不妥時，很難忍得住不出手，到頭來把自己搞得很累，身邊的男人也會被搞瘋。傳統的、不傳統的角色都要扮演，而且希望都能做得完美，一定會很辛苦。

想想自己要的是什麼？

美人是一個過度聰明、過動又好強的人，偏偏又有雙魚的多面向、靈活善變，這樣的女人本來就很難駕馭，旁邊的人很容易跟著她打轉，她的節奏太快了，當你適應了一個狀態時，她已經又進到另一個境界了。

她在婚姻上遇到這一關，我認為沒什麼不好，這或許是一個提醒，讓她可以調整。我看待這件事很正面，覺得她比很多人幸運，有資源和智慧讓事情很快得到解決。畢竟有很多沒感情又沒勇氣、人生苦耗在一起的夫妻，比比皆是。

那陣子，每次錄影遇見她，我就會告訴她：「怕損失就會損失更多，要早點認賠殺出。」公眾人物的壓力就是這樣，事情延燒越久，彼此造成的刀痕都被血淋淋放大檢視，被媒體記錄，像永恆印記貼在臉上。

我對她講話很直接，她很懂得調侃自己，也有面對自己的處境的智慧。她對愛情的觀念很傳統，我只擔心她會有極端的表現，會不敢離開婚姻，或是之後就不敢再談戀愛。于美人一直是很多女性的偶像，她現在也要提供一個典範，給像她這樣的女人一些參考。

事情落幕後，我提醒美人：「好好想想接下來的感情生活要怎麼過？」

看見她瘦下來，裝扮大改造，變身窈窕美魔女，整個人看起來自信亮麗，對她來說真是一個意外的收穫。恢復單身，除了打造自己的吸引力，更要想想自己想要的單身生活是什麼？期待怎樣的感情陪伴者？

所有東西都沒有框架地想一遍，同時，把大家加諸的期待都拋掉，徹底想一遍，自己想要的是什麼？內心最真實的渴望是什麼？不要連想都不敢想。

建立新美人的人生觀

無論戀人或是夫妻，在每一種關係中，大家也只是在找一個平衡而已。人一定要在那個身分中，找到自己的價值！

在很多勉強維持的關係中，害怕失去的根本不是愛，而是那份關係。如果彼此分開，回到一個沒有牽絆的狀態，被放棄的一方會一直認為自己是受害者，受不了自己失去了對方，但是距離拉開後，發現彼此都覺得輕鬆了。

夫妻之間出了問題，大家都勸合不勸離，但我一向是勸離不勸合的。仔細想想，陷入戀愛或踏入婚姻，大多是被沖昏頭，那時是沒用腦的；但是幾乎所有的離婚、分手、原諒，都是思考後的決定，反而應該支持。

婚姻中有多少夫妻長年沒有性愛，家庭生活品質很差，家族中有人想管你們的事就粗魯介入，姻親出問題必須無條件一再幫忙……這都是舊觀念，新世代應該有新的做法，彼此尊重。

我常在她身邊囉唆一堆，有些她聽得進去，有些她覺得我瞎掰，但多少會逗樂她，我也算說得有些價值。我常開玩笑說自己是愛情邪教！我其實有自己的邏輯，世界變化這麼大，但是大家的愛情觀還是很傳統，我就是要推翻、建立新的。

既然走出來，就從新的角度看事情，開啟人生新的篇章。

出書就是要革命大家的腦袋，讓大家看見脫胎換骨的變化，我很期待看見「美人二世」進階版的于美人！

陪伴，是最真心的祝福

◎顏冰心（友人）

美人說……

冰心是我的大學死黨，可以說是熟悉我熟悉到不行的一個好朋友。

看見她對當初鼓勵我追求愛情而感到自責，我並不怪她，畢竟花轎也是我自己一步一步走上去的。很多事在當下，你不去做，永遠不會知道之後的結果會是如何。而我們也永遠無法得知，如果當初不選擇這個男人，或是選了另一個男人，今天的自己又會是怎麼樣子的。

我曾經在節目上說過：「在愛情這件事，不管妳有多喜歡這個男人，這個男人不主動，千萬不要主動，四個字記好，寧、可、錯、過。」雖然我不是「錯過了」，而是「做錯了」，但我仍覺得，這一切的過程都是值得的，因傷痛而換來的成長，讓我的生命更有厚度。

就有如手掌上的厚繭，當下一次遇到磨難，你會更有承載的能力。

只是想擁有一個家

美人婚變的事件發生時，我的感受比其他人更加深刻，一方面是因為我跟美人認識很久了，家庭背景相似、生日只差一天的我們，從以前，就對擁有一個幸福家庭有著一份憧憬；另一方面是因為，我看著她從認識James一路走來，其中的轉折與辛酸，都是如此令人心疼不捨！

同樣是父親早逝，因此，美人與我很小就渴望自己建立一個完整的家庭；我比她早結婚，但美人一直到三十幾歲都沒有遇到適合的對象。她的個性大剌剌的，不符合一般人對一個女孩的那種要求，加上她又很有自己的想法，那時候也已經有了不小的知名度，男人很容易對這樣的女人卻步。

所以當James出現的時候，我真的好為她感到高興。雖然，美人當時很懷疑他們兩人之間有可能嗎？但我仍鼓勵她勇於追求，也真心希望她可以得到幸福，卻沒想到最後是這樣的結果。

美人與James認識不久後，James就開口向她求婚，但後來又想反悔，覺得兩個人認識的時間還是太短了，希望當作沒有這件事。可是，那時候所有的人都知道美人要結婚的事，每個人都在恭喜她、祝福她，覺得她主持紅娘節目把自己嫁掉了，真是太幸運。

而且，美人已經辭掉了所有的工作，廣播辭了、電視也辭了。其實當James向她求婚的時候她也很擔心，她很喜歡自己的這份工作，也花了很多努力當上主持人，要為了一個未知的可能，就放下一切嗎？

當時我對她說：「別人是怎麼樣我不知道，但是我媽媽曾經跟我講過一句話，那就是『易得無價寶，難覓有情郎』，我是重感情的，我覺得妳也是重感情的。」加上美人是個很有能力的人，在哪裡都可以開始，就算到了國外，一定也可以闖出一片天；可是，要找到一個她喜歡又能欣賞她的人真的很不容易。

所以，James悔婚的時候，我也是鼓勵美人試著再把愛找回來，看看還有沒有機會，因為James分開和害怕的原因並不是說她不好，而是說沒有看過她生氣的樣子，那就讓他更了解自己。

在很多時間點，美人跟他的緣分都是可以斷掉的，但我卻鼓勵她主動追求，堅持下去。

從工作彌補感情上的失落

在兩人婚姻的過程中，其實美人好幾次想要放棄，記得有一次孩子還小的時候，她覺得真的過不下去了，就帶小孩子到南部度假，打算跟孩子講這件事情。沒想到兒子卻對她說：「爸爸這次又沒來，我好想爸爸！」美人聽了這句話，原本不堅定的決心又動搖了。

那時我還奚落她，說她都已經幾歲的人了，再找對象不容易，而且還是像她老公那麼帥的，要她試試看可不可以在婚姻裡面再修補。但我真的知道她苦不堪言，大家都覺得她婚姻幸福，有許多主持或廣告代言都是因為這樣而來的，覺得如果她就這樣離婚的話，對她的衝擊會非常大。

美人是個習慣把苦藏在心裡，不輕易表露也不讓朋友知道的人。在她婚姻不幸福的這段時間中，有陣子我發現她變了，似乎滿腦子都是錢，只對做生意有興趣，跟她聊天，她的思緒都在別的地方，因此我也漸漸鮮少跟她聯絡。

但是到後來我才發現，為什麼美人要這麼努力地賺錢、努力地工作？因為，這是她唯一努力就可以有成就感的事情。在這段婚姻裡面她做了很多努力，也退讓了很多，可是沒有人感激她，她交不出一張好看的成績單，彷彿無論怎麼讀書都考不及格。

那段時間我不喜歡這樣的美人，我想她應該也不喜歡她自己，會覺得自己非常失敗，但即便我們之間那麼親暱、那麼熟悉，我也無法當著她的面戳破這一點。

當她跟James的家事鬧上媒體，其實我也是不想講任何一句話的，雖然有些對她不實的指控，她好想讓大家知道「事情不是這樣子的」，但因為大眾都覺得她是強勢的一方，她才是擁有麥克風、可以對媒體放話的那個人。所以我知道，如果我講得越多，對她傷害是越大的。

沒有對錯，只是不適合

說坦白話，James並不是一個壞人，我們只能說他是一個「錯」的人，在這段婚姻裡他們是彼此不適合的人。

一開始，兩人個性上的不同讓他們互相吸引，可是後來，這樣的不同卻也讓他們互相排斥。James不能欣賞美人的直接、美人的乾脆，還有美人在工作上的付出與成功。

而美人為了愛，為了要讓James覺得自己是個男人，為了讓他有安全感，就把錢都交給James管。雖然她身邊的人都覺得說不可以這個樣子，可是美人並不在乎，她覺得我愛這個人，就是把所有的一切都交給他，以至於後來當她收回這些東西，當她想要保護自己的時候，對方的反應才會這麼大。

美人在婚姻裡面真的努力了很多很多，但是，到底什麼樣的做法才是對的呢？每個人的個性都不一樣，遇到的人也不一樣，有些人會感恩，所以你退讓一點我也會讓一點，因此婚姻就還有修補的可能。但有些人不是，他已經否定你，他就是否定到底，不管你用盡力氣、耗盡心神，他還是沒辦法體諒你的付出，所以這段婚姻就會走得好辛苦、好辛苦。

美人在孩子很小的時候曾經下了決定，可是因為孩子對爸爸的依戀而決定等待，現在孩子比較成熟了，也知道父母親的狀況了，雙方應該可以很理性地說再見，沒想到最後還是弄得不漂亮。

獨力硬撐、故作堅強

有一段時間，美人處於自己也六神無主的狀態，但我不再敢給任何意見，因為她旁邊有太多人給太多建議了。而她只是憤怒、只是傷心，她也聽不下任何的話，她沒有檢討自己，那段時間她只看到對方對她的殘忍。

可是離婚之後，我發現她變了，變得可以理解任何關係都是對應的關係，如果她沒有退讓那麼多，就不會製造出一個這樣的男人，對一個人的收放是要有分寸的。

最近我也跟她講：「我覺得從前的妳好像又回來了，妳又有感情、又有感覺了，我也覺得妳比較有溫度了。」

很多人都問我：「于美人變漂亮了，她應該走過來了？」我說：「我沒問她，但她一定還沒有走過來。」因為她正常吃喝啊，可是都沒有胖回來，如果她的心情真的已經恢復了，那她不會一直變瘦下去。

記得我三十四歲那年，第一任先生因為肝癌逝世，那時美人一直陪在我身邊，她出錢、出力，幫助我度過那段傷心欲絕的時期。這次她發生了婚變的事，我也在等她打電話給我、向我哭訴，可是她太驕傲了、她也太堅強了，明明已經不行了、已經很痛苦了，還總是硬撐著，然後拿自己的痛苦自我解嘲，讓人家就覺得她好像還好，她還懂得笑話自己。

美人這一輩子一直在撐一個家，從小爸爸走了，家裡的小孩又只有她比較能幹，所以她媽媽對她有很多的盼望，希望她能幫她哥哥一把，幫她妹妹一把，幫誰一把。但事實上她很孤單，因為她獨力扛慣了，沒有人幫她一把，除非累到昏倒，在醫生的強迫之下，才會讓自己休息。

只盼望妳幸福

我不曉得自己是不是錯了？從美人一開始覺得與James沒有可能，我鼓勵她試試看；James悔婚放棄，我鼓勵她追求幸福；當她累了、想要離婚，我對她說這個年紀的女人找第二春沒那麼容易，再試著努力看看，結果又延長了她痛苦的時間。

所以現在的我，不敢對她說未來一定會怎麼樣怎麼樣，但我只想說，幸福是沒有標準配備的，也許對某些人來講，有老公小孩才是幸福；雖然美人吃了很多虧、受了很多苦，可是她的身邊真的有很多好朋友、有很多愛她的人，也有愛她、理解她的孩子。

如果老天爺會再給她一個真正懂她、愛她的男人，彌補她情感上的缺憾，那真的很棒很棒；如果沒有，我也希望她知道，我們會一直陪伴在她身邊，希望她也會覺得這是一種幸福。

PART 4

正視自己，回歸純真

留下一抹微笑

出這本書，我特別想感謝一個人，那就是施寄青老師。

在婚變那段時間，老師給我很多很多的幫助，雖然，僅僅只是兩次跟我的談話而已，但有許多話，至今仍令我點滴在心。

小心身體的反撲

打監護權官司時，我希望兒子、女兒可以在一起，都能跟著我生活，但施寄青老師卻對我說：「美人，慈母多敗兒。」一個身兼職業婦女的媽媽，因為工作的需要，必須表現得較為強勢，所以就很容易為小孩做太多的事。

她提點我，說男孩子應該要跟爸爸，父子之間經歷一些摩擦，也是孩子未來重要的能量。於是我就懂了，不再爭取監護權，尊重孩子的意願。

施老師還提醒我：「妳小心，離婚後的婦女兩年後身體會反撲。」要我快點走出來，把自己身體照顧好，不然兩年後離婚的後座力就會顯現。

果然不到兩年，我的身體早已頻頻出狀況。之前我去看中醫，他說我是近半年內他見過關脈最緊的人，肝氣鬱積，所以快生病了；按照西醫觀點解釋，就是壓力過大、腎上腺素分泌過旺，快要自律神經失調了。

我因為暴瘦，體力不好，也有暈眩的症狀，需要大量的休息。這就是因為先前稍微恢復之後，便完全投入工作，又沒有把腳步調整好，身體就出現了狀況。

當時因為擔心我的身體，施老師還介紹我去做淨化課程，我連續去做了三個月，每天關照身體的變化；我也還記得第一次淨化完半夜起來狂吐，血壓低到五十、八十二。

離婚真的會使人心力交瘁，這是十分損耗精神的事情，所以的確要注意身體的反抗，它會在你終於放下緊繃狀態的時候，猝不及防地展開攻擊。我們常以為自己可以承受得了，但身體是會說話的，沒辦法忽視。

我的三個功課

施老師還語重心長地告訴我最後一個關卡，離婚後五年，妳要經歷和解，就是原諒與祝福。施老師也知道很難，她一再交代我要去上課，託施老師的福，淨化課程的艾瑞克老師還曾經出了一些功課給我，以許多方式，幫助我去省思自己的人生。

第一個功課是，每天要有意識地做三件利他行為。艾老師要我一天對三個人好，訓練我的耐心，一開始我以為很容易，後來實際去做，發現真的好難。但這無形中讓我更懂得為他人著想，也變得更柔軟待人。

第二個功課是要寫遺囑，我聽了，立即很乾脆地寫下：「有形資產誰要給誰，無形資產也沒什麼好給的。」但艾老師看了說不行，要毫無遺漏地寫。這就考倒我了，因為這輩子對我好的人還滿多的，要在遺書上一一感恩，把關係圓滿。

第三個功課是思考，如果人生可以重來，妳有什麼想改變的？如果有來生，妳還要拿這樣的劇本嗎？我當下就說：「我要新的劇本，要體驗新的生命。」

艾老師看似簡單的三個功課，讓我更懂得自我省思，想完我突然覺得自己其實很幸運，我還離得起婚，我有很多好朋友撐住我、支持陪伴我。

相遇，是久別重逢

施老師一直有血糖的問題，無法吃太多澱粉，但她偏偏又愛吃我媽包的餃子，所以她只能吃有餡的部分，把餃子邊留下來。每一個她咬剩的餃子邊都像一抹微笑，老師每次來我家吃飯；都留了好多微笑給我。

老師曾說：「人世間所有的相遇，都是久別重逢。」沒想到急性子的她，連走的方式居然也是如此匆忙。

謹以此篇文章感謝、懷念施寄青老師，願我的好老師一路好走，乘願再來。

探索自我價值：善用法院諮商

◎宋老師（諮詢師）

美人說……

在打離婚官司時，法院的諮商幫了我很大的忙，這點非常重要，因為他們會協助父母跟小孩談。但起初我是被迫的，所以每一次去法庭都很痛苦。

第一次去見宋老師的時候，我是抱持有點應付的態度，甚至還挑釁地問：「多久會好？」但開始談話後，我就知道我面前的這個人是專家，騙不了她。而且宋老師的溫暖也讓我覺得：「我幹嘛硬撐呢？」

第二次去諮商的時候，我假裝自己很正面、很陽光，已經走出來了、統統都好了！結果被老師戳破，也更真誠地打開了自己。老師還開了很多書單給我，讓我獲益匪淺。

我很想跟大家說，遇到困難要相信專業，不要只找長輩、朋友談，因為萬一找錯人，還不如專業的幫助來得大。

婚變時我和孩子們很難坐下來說出內心深處的話，但法院安排的諮詢是真的有一套方法程序的，我們每個人都個別諮詢了六次才開始安排雙方會談。

起初，女兒不想去諮商，但我都勸她這樣才能幫助我們，兒子後來也去了，過程中給了我很多收穫與幫助。

我也對兒子說：「如果你在爸爸那邊聽到很多對媽媽的攻擊，你不用捍衛我，媽媽不會因為這樣就覺得你不愛我的，不要擔心。」這讓他很感動。

為了讓大家明白，諮商是真的有助益，我們特地請求法院的同意，與宋老師做了這篇專訪。在此也感謝宋老師，謝謝她對我的耐心傾聽。

尋求解決問題的共識

法院諮詢的目的

于小姐在離婚訴訟的過程中，接受了法官所安排的心理諮詢。這個服務跟一般大眾認知的心理諮商不太一樣，「諮商」重視的是心理師與案主的關係及案主個人的成長或治療，往往根據案主的準備程度和需要進行，通常比較沒有特定的結構以及時間的框架。

于小姐所接受的「諮詢」，是一種較聚焦、短期並以解決問題為導向的專業協助，由法官委託社區諮商學會提供，以協助那些心理功能健全但因故而在情緒上或心理上受到影響的當事人。

在社區諮商學會規畫的法院諮詢架構中，法院會為訴訟當事兩人各安排一位諮詢師，利用諮商的知識與技巧，提供諮詢服務。其工作目標在於協助他／她們更清楚自己的感覺、看法與需要外，同時促進訴訟當事人雙方或與家庭其他成員之間進行有意義的對話。而此架構中的會談次數及形態則依案件的複雜度而決定。

在個別會談期間，諮詢師除了必須審慎瞭解各當事人的身心需求之外，亦會以家庭系統觀點來協助當事人，考量家庭中其他成員之福祉，期望在整個訴訟程序中，可降低各相關人的情緒負擔或傷害。雖然我們相信透過對話，提高凝聚共識、甚至修復關係的可能，但會談的決定權屬於雙方當事人，判斷適當的對話時機則是諮詢師的責任，諮詢師必須協助各自的當事人做好進入會談的準備，諮詢師會根據需要依序安排兩造或家庭成員間的會談。

至於會談中，雙方的諮詢師主要的任務就是對自己的當事人提供情感的支持、催化對話、澄清感覺與情緒、促進聆聽的效能以期能夠以更有建設性的角度，審視雙方的訴求，達到溝通的目的。所有的諮詢師都會參加社區諮商學會定期的團體督導，以維護服務之品質。

諮詢階段目標

在本案中，共有朱老師、黃老師、陳老師以及我四位諮詢師提供專業服務，分別與兩位當事人、兩個孩子一起工作。我負責于小姐的諮詢工作，第一階段針對婚姻、第二階段針對孩子的親權部分。

在第一階段，諮詢師做了兩次個別諮詢和一次夫妻會談。主要目標是協助雙方澄清自己的情緒與情感，希望可以找出解決目前雙方歧見的方法，或是就接下來的發展，尋求共識。于小姐的婚變事件剛進入法院時，媒體正鬧得沸沸揚揚，衝突初起時她還是希望可以維持婚姻，讓夫妻兩人能夠盡量走下去，想要保留家庭的完整性，可惜發生了火爆失控的「返家衝突」事件，讓她有了不同的想法，開始尋求離婚的法律程序。

第一階段：問問我是誰？

第一次諮詢
歷程中最想改變的事

第一次諮詢時，我意識到于小姐對諮詢服務本身抱持著不太信任的態度，認為自己應該可以處理這件事，似乎並不需要諮詢的協助，但是她仍然禮貌性地到場以示尊重整個體制之運作，在會談的過程中，她也願意敞開心胸跟我懇談，這種努力的精神讓我敬佩。

當時，我所看見的她正處於非常受傷、非常痛苦的狀態中，我個人認為一旦她能夠得到情感上的支持，她將很快地就能尋回復元的力量。

她談了婚姻中的種種事情，及現狀的來龍去脈。

我問她：「整個歷程當中，妳最想改變的是什麼？」

她告訴我，就是「返家衝突」事件被媒體播出的那一幕，那是令她極為痛苦的一段畫面，因為她覺得自己失控了。

那些畫面不只傷害到她的家人，也對她的形象有很大的傷害，網路上的撻伐和輿論排山倒海而來的壓力，幾乎讓她無法承受。

對婚姻的種種狀況，她感到很挫折，也很受傷；對於自己對婚姻的忠貞，受到配偶的質疑，有著強烈的情緒，也對家中財政分擔一事，自己從未計較的善意，未被看見感到不值。我的工作就是幫她重新看見自己的價值，當她談起成長過程時，就從她的成長經驗去幫助她看到自己的能力，找回自己的價值感。

感受到自己是被愛的

她提及因為父親早逝，媽媽辛苦地撐起一個家，讓她很小就知道要努力賺錢，但即使在經濟匱乏的狀況下，媽媽給他們這些孩子的愛，一點也沒有少過。

有一次，媽媽騎著摩托車載她，她乘機跟媽媽說：「我好想去補習考中文系喔！」

媽媽回答她：「我們家哪有這個錢啊？」禁不住她多次的請求，最終還是答應：「如果妳真的需要的話，那就去吧！」

聽她講述這一段往事時，我覺得這真是一個很美的故事，可以看出來于媽媽對她的支持和信任；因為從小就感受到自己是被愛的，這也造就了她今天成為一個樂於給予的人。

她也提到，從小爺爺跟她講了很多待人接物的道理，立下她為人處世的標竿，建立了很清楚的道德和價值觀，這些都是非常可貴的。這些人格基礎，加上她本身喜歡閱讀，培養出今天的內涵，也讓她成為一個很能分享的人。

我告訴她：「妳從家中長輩那裡得到的愛，給了妳這麼多內在的正面能量，幫妳面對人生挑戰，支持著妳走到現在，同樣的力量，也將幫助妳度過現在的困難。」

對於正處在「被嫌棄」狀況下的她而言，知道自己是被愛的，這一點非常重要。

現實與形象落差的不安

當人在挫折時，就容易看見負面，她開始質疑很多原有的價值觀，也很不滿意自己，是不是就錯在給太多、做太多了？當她看見別人需要什麼，就盡量去給，環境把她訓練成一個盡責地扮演替大家解決問題、解除痛苦的人。沒想到積極地為人付出，竟然會得到這樣的下場！

婚姻亮起紅燈，讓她感覺到自己的價值幾乎被全盤否定。媒體上刊載對她的批評，讓她覺得這個社會對有成就的女性，有更高的道德標準。她對婚姻的寄望很深，也付出很多，事業反而放在第二位，這從她可以放下工作，花一年時間跟家人出國旅遊，可見一斑。由此不難想像，這個婚姻可能結束很難不令她憤怒。

她談到內心感到最痛的一點是，婚姻關係變得不好，其實有一段時間了！每當在節目中有來賓講到婚姻問題時，明明自己也有類似經驗，但還是要表現出很不可思議地問：「真的？怎麼會這樣呢？」

她是個不習慣假裝的人，對於無法坦誠表達真實的自我感到痛苦，因為身為公眾人物，累積的成就把她推到一個位置上，螢光幕前的「于美人」已經成為一個「產品」，幕後有許多人依附著這個產品生活，她代表的已經不是單純的自己，一舉一動都必須顧慮到工作夥伴，根本沒有解決自己問題的空間。

那時候深受婆婆媽媽喜愛的「于美人」雖然人氣很旺，但她知道形象跟現實的落差，內心常感到忐忑不安；隨著婚變事件爆發、婚姻觸礁的真相被媒體揭露，她的形象大傷，也因此失去很多粉絲支持，卻也因此可以講真話、做回真實的自己。這時我對她說：「所以，妳現在更尊敬妳自己。」于小姐愣了幾秒後，以一種肯定的語調說道：「對！我現在更尊敬我自己。」

第二次諮詢
求助的勇氣

第二次諮詢時，她告訴我，最近去看了精神科醫師。

當時她的狀況不太好，晚上幾乎無法入睡，也常感覺到呼吸困難。這些身心狀況，主要是壓力引起的。我們談到壓力來源，那時候，她的工作受到婚變影響，廣告和代言活動銳減，但是經紀公司還是要正常運作，她必須支撐一家公司、支付員工薪水……經濟壓力很大。

她能察覺自己身心狀態不佳，主動求助醫療協助，這讓我看見了她從小訓練出來的照顧自己、面對問題等內在能量，並沒有被事件擊垮；也讓我看見她很有勇氣面對自己、承認現狀。原本，我還擔心她仍處在過去的行為模式，因為經營形象而忽視現狀，但她卻能主動求助並談論，這是很棒的。

把孩子擺在自身前面

她是個很誠實面對現況、做出應變的人，原本一開始打定主意不要跟對方會談，但是後來改變主意，因為她發現兒子竟然在短短一百天內，體重暴增了十八公斤！這讓她非常自責和擔心。

她一直以為母子感情好到無話不談，憑藉著自己給他們的愛和關懷，以及分享自己的生命經驗，孩子應該有足夠的能量及方法，可以安然度過這個危機，但是兒子顯然也因為壓力過大，造成生理出了狀況，這無疑又是另一個衝擊！她發覺，原來很多事情都不是像自己所想的那樣，兒子現在很需要幫助。

她是一個把孩子擺在自己前面的母親，當時兒子在父親那裡，母子已經很久沒有見面，她希望透過會談取得探視機會，能夠面對面地給予兒子支持的力量。

正視個性上的缺點

回顧自己這一生，為何會讓婚姻走到這般田地？她承認可能是自己的一些特質造成婚姻的壓力和挑戰；因為凡事都搶著去做，或許導致另一半覺得英雄無用武之地。

她也看見自己個性上的缺點，因為太多事情要忙，變得個性很急、對細節沒耐心，常常急著把話講完、把事情交代好就走了，沒能聽別人把話講完，不但不知道自己原來是個給別人很大壓力的人，也因此忽略了很多東西。包括婚姻中的問題，很多時候應該要即時處理的，但她沒有耐心去面對，到後來就睜一隻眼、閉一隻眼，得過且過，導致問題越來越嚴重，失去了解決問題的黃金時機。

「所以說，該做的還是要做，不管多麻煩、多不想碰，還是要去面對。」

她認知到，很多事還是得要耐著性子、一步步地來。從練習耐心聽人家講話開始，她把很多話都聽進去了，然後抽絲剝繭、面對自己的問題，這對她往後面對問題時有很大的幫助，即使還是有很多枝枝節節的事件發生，但她已不像過去那樣暴跳如雷，願意一步步走完這些歷程。

將自己反省過後體會到的道理馬上身體力行，做到「知行合一」，這是很了不起的特質！我認為，這就是她後來可以走得越來越穩、重新站起來的原因之一。

第三次諮詢：夫妻會談
令雙方失望的會談

第三次諮詢，安排了夫妻會談。目的很單純，就是以面對面的對話，替代隔空的喊話。會談最有意義的就在於，兩人會自然流露出平日互動的模式，這為未來工作的方向與內容提供了很多資訊。

兩人面對面時激盪出很多火花，雙方的情緒都很高漲，由於各自提出的探視要求無法達成共識，看得出來都有一些情緒還沒走出來外，也看到雙方溝通、表達的模式南轅北轍，我心想，真是難為他們了。

會談開始，看到雙方當事人，對未來的想法不太一樣，會談過程中曾因情緒及彼此對雙方真正的意圖感到困惑而暫停會談，雙方諮詢師協助其當事人調整情緒外，也讓當事人與各自的律師討論並澄清法律上的相關議題。這個會談讓雙方意識到彼此無法凝聚共識，決定朝向分開的方向進行。

到後來，她就像洩氣的皮球似的不再做任何回應，這讓我有一點擔心，因為實在很不像她。

結束後，雙方各自跟諮詢師回到諮詢室。

「每一件小事情的協商，都要花這麼多時間、精力，繞了半天卻又回到原本自己的提議，實在讓人充滿無力感。」她感到非常挫折。

我安慰她，該講的話都講了，也形成某種程度的共識，達到溝通的目的了，就給大家一點時間和空間，把彼此的想法跟律師商討清楚。

協助親權協調

之後，我從報上得知，開庭時耗了一天的時間，終於在法官協助下，雙方完成調解離婚。

通常這時候，我的工作就結束了！但是法官看了返家衝突事件的新聞畫面後，覺得這個家庭需要協助，畢竟在事件中，大家都受傷了，孩子也還有很多困惑需要澄清。

當時子女的親權還沒決定，法官希望我們在未來六個月內，以每月一次的頻率，透過諮詢協助這對離婚夫妻就親權跟會面交往的部分，進行協調；幫助子女也學習在新的處境中與父母雙方互動。

第二階段：孩子，讓我們從心開始吧！

懷疑自己不值得被愛

我們很快就約定了碰面時間，展開第二階段的諮詢。

「宋老師，像我這樣通常大概要多久才會走出來？」她一開頭就這樣問我，可見當時她多麼希望一切痛苦的感覺趕快過去。

她談到自己又去了一趟京都，那是八年前全家旅遊時，待了一個月的地方。舊地重遊，很多回憶湧上了心頭，她很訝異，當年怎麼有那麼大的遊玩興致和能量；更訝異的是，怎麼可以讓自己那樣過日子？

她感覺到自己真的非常寂寞，很多感覺是自己過去沒有過的，讓她覺得不知如何自處，很擔心自己的反應是不是不正常？正常人的反應會是如何呢？

「只要妳能誠實面對自己，就是最重要的。」我這樣告訴她。

之前她只是對自己的行為抱持懷疑的態度，覺得自己的所做所為被否定，現在連對自身的價值都開始有了懷疑。

離婚對她的衝擊確實很大！彷彿一夕之間，所有原來相信的東西都不可靠了！最重要一點是，她原來的自信全都不見了，覺得自己是不值得被愛的，也認為沒有人愛她了。

她突然發現自己認知的自己，跟別人眼中的自己，原來根本不一樣。

這次談話時，我感覺到她內心的忐忑不安，她一直想要做新的自己，一個不是只忙著照顧別人、忘記照顧自己的人；卻突然發現，不知道要怎麼照顧自己，內心深處很期望有一個人可以依靠，處在很迷惘、失落的階段。

諮詢師彼此之間也對如何協助這個家庭做了討論，了解到孩子們需要時間與諮詢師建立信任後，才能夠進行有意義的對話。

多久才能走出來？

再一次見面，距離上一次隔了兩個月之久，她一直無法排定時間，看起來她似乎不太相信這個諮詢能幫助她。

她談到自己經常感到心情低落，懷疑是不是有憂鬱症？她很怕別人以為她是因為緬懷婚姻的緣故而感到意志消沉，但其實沒有特定原因，就只是突如其來的惆悵。

她原本以為離婚後就此解脫了，現在才發現，離婚後日子一點也不輕鬆，反而有更多辛苦要面對。

離婚雖然將兩人關係畫下了終點，但離婚後的人生又是另一個里程的起點，她還是很想知道，到底自己多久才能走出來？

不自覺地依賴女兒

帶著女兒展開新生活的她，花了很多時間談論女兒。以前活潑頑皮的兒子是家裡的重心，女兒比較乖，不太表現自己，現在才看見女兒的光采和豐富，發現她也很酷，很有自己的觀點。偶爾談到兒子時，雖然多次表達了解兒子的為難，但語氣中有著藏不住的思念與失落情緒。我對於她為了大局而克制自己探視的渴望，感到不捨與佩服。

談話中，聽到她談到與朋友間的互動，這些朋友的探視與鼓勵，對她形成某種支持網絡，對這時候的她提供不少安慰。

母女相依為命，她不自覺地開始依賴女兒，扮演起小孩的角色，跟女兒討照顧，要求一起睡。她覺得自己就像突然被掏空一樣，沒有能量去照顧別人，只渴望被照顧。

她也提到自己透過朋友的關係，幫女兒拿到喜愛歌手的演唱會門票，讓女兒非常高興。我看得出來她還是需要透過滿足別人，來肯定自己的價值。

學著不幫她做決定

講到母女之間生活的點點滴滴，談到女兒在做每個決定時的思前想後，點明兩人的差距在生活上所帶來的趣事。提及兩人一起去買洗髮精，當女兒舉棋不定時，她很乾脆地就選好了。

「我很好奇，為何妳幫她拿，怎麼不是她自己選呢？」

「妳不會希望她知道自己要什麼樣的洗髮精嗎？」

因為她正在練習，盡量不要在生活中幫人家做事，以免剝奪別人的成長機會，我提醒她，幫人家作主也是幫人家做事，也是剝奪別人成長的機會。

「妳不會很好奇妳女兒對妳幫她決定洗髮精是什麼感覺嗎？」于小姐感

覺這是個很有趣的問題，也很想知道女兒的反應與答案。

我希望她可以透過與女兒的討論，除了瞭解孩子對雙方互動方式的感受外，同時也傳遞「媽媽允許女兒表達自己想法」這個訊息。

下一次的諮詢時，她告訴我，她跟女兒談了洗髮精的事，女兒說不介意媽媽幫她選擇等等。我們談到父母如何愛著孩子、盡心盡力地拉拔他們長大，忘了跟隨孩子成長的腳步，調整照顧的方式。從于小姐對洗髮精事件所顯現的現象感到興趣，我知道，她已經開始注意到，有時候不需要替別人作主的問題。

談起女兒的細心和貼心，她顯得很開心，她很訝異女兒記得很多她們以前一起去吃過的餐廳，甚至點過些什麼菜，也記得媽媽喜歡吃什麼。這些共同的回憶，深深地滋養了這個階段的她，讓她感受到自己是被關心的、滿足她需要的，但這真的是她需要的嗎？

我決定冒險一下，問道：「妳會不會擔心妳的女兒跟妳很像，對別人的需要比對自己的需要還記得更清楚？」我承襲前面父母愛子女的談話，談到孩子又是如何地愛著父母，為了顧及父母的感受而將自己的需要擺一旁的現象。我至今難忘她聽完後那種既驚訝又恍然大悟的表情。

沉默一會兒後，她很堅定地說：「我不希望她也做一個眼中只有別人的女人。」

我心中暗暗為她喝采！

家人各有的失落感

有一位他們夫妻共同的朋友來家裡，那個叔叔問女兒：「妳覺得現在跟以前有什麼不一樣嗎？」

「都還好，只是很多學校的事情要自己跑。」

聽見女兒的回答，她忍不住說：「這點小事妳都不能自己做嗎？」

我聽了，決定乘機跟她談談「失落」這件事。

「聽起來，妳女兒試圖表達爸爸不在身邊的失落感，但是妳的回答會讓女兒以為這樣講是不對的，會給她一種不能去感受這種失落的錯覺。」

我告訴她，面對失落是人生中很重要的課題。

「這次事件對每個家人來說都是一種失落，對每個人會產生不同的情緒影響；每個人處理失落的方式都不一樣，談論改變發生前後的差別，是處理失落情緒的有效方式之一，不被允許談論的失落，就是壓抑，這往往會成為未來身心症的原因之一。」

「碰到問題就要想辦法解決、堅強地去面對啊！」這是她從小習慣面對困難的方法，覺得女兒也應該要這樣做。但她很訝異，原來這樣的回答，會製造她不允許孩子處理自己的失落的印象。

「妳跟孩子的失落是不同的，彼此能夠談論自己內心的感覺，就是允許彼此感覺失落。」

她想起女兒問過：「哥哥選擇跟爸爸住，妳會難過嗎？」

她告訴女兒，可以了解兒子這樣做的原因，但是後來見面發現他變得有點生疏，還是覺得很難過。

這是她對於和兒子之間親密感的失落，而兒子面對爸爸，也有著他的失落要去處裡。

母女會談

女兒，妳還愛我嗎？

諮詢師們做了討論，確定母女雙方都願意進行會談後，我們決定了就「為自己作主」及彼此的「失落」這兩個主題來談，至於親權的話題，就看狀況再決定要不要談。

會談時于小姐雖看起來很鎮定，但從很多的互動中看到她其實很焦慮。我們請雙方談談彼此對對方的感覺，她覺得女兒嫌她很煩。像是她的朋友會打電話給女兒，提醒不要忘記媽媽的生日，這時，女兒就會跑來跟媽媽報告：「某某阿姨又打電話給我，叫我要照顧妳。」媽媽的解讀是：「女兒覺得很不耐煩，現在要多做這麼多事。」

有時候，她躺在床上要準備睡覺了，叫女兒拿衛生紙給她，順便幫忙關燈，這時女兒就會邊做邊碎碎唸：「妳就在旁邊，還特地把我叫過來……」

這些都還是小事，最讓她介意的是，生日時兒子竟然連簡訊都沒傳，似乎完全忘了她的生日。

我察覺到，她很大的焦慮感是來自於擔心人家還愛不愛她？尤其是她的孩子對她的愛是否有改變？

透過會談，她明白了，原來女兒一直在報告又有人打電話來交代要照顧媽媽，其實不是在抱怨什麼，而是藉此告訴媽媽：「妳看！有這麼多人關心妳、愛妳。」

害怕再一次失去

女兒除了澄清，其實自己並不介意學校的事要自己處理，當時只是在回答那位叔叔的問題時講出差別而已，還開玩笑地虧了媽媽一句：「現在才發現妳英文很爛耶！在學校又幫不上什麼忙。」女兒也澄清了在「返家衝突」事件中，自己感到受傷的原因。

諮詢師也協助母女互相討論女兒表達意見的空間，及彼此互動的界線的議題。雙方認識到自己為自己做決定的重要，于小姐體認到自己容易落入舊習的反應，女兒也認識到自己有透過表達自己的需要來協助母親改變習慣的責任。

接著，有趣的事發生了。

于小姐突然丟出一個震撼彈，問道：「如果爸爸要爭取妳的監護權呢？」兩位諮詢師對望一眼，靜待女兒的回應。

女兒的尷尬絲毫無損其勇敢表達自己的意願與愛父母的深度。她說自己跟哥哥一樣，不會受到爸媽婚姻狀態的影響而改變對父母雙方的愛，安撫了一個母親極度焦慮的心。

我真的被女兒的回饋感動到雞皮疙瘩爬滿雙臂，也為她的諮詢師喝采。顯然地，這是于小姐最大的焦慮所在，怕在失去婚姻後，再失去生命中的另外一個重要價值。

我們幫助她們發現，原來過去在家裡她們不談這些的，彼此都在揣測對方的想法，按照自己的方式去照顧對方。

會談的意義，就是幫助她們對話，澄清許多誤解，了解到彼此的善意，體會到對方的愛，從這樣的經驗中，學習到有效的溝通方法。

這讓她原有的理智與能力回來了，她決定把做小孩的權利還給女兒。

找到有效的互動方法

母女會談後再見到她，感覺整個人都不一樣了。

「上次母女會談後，第一次覺得我的雙腳是站在地上的。」她這樣形容自己的踏實感。她談到婚變事件發生後，整個人總是好像飄在空中般的虛浮。

在會談後，清楚知道女兒是愛自己的，這讓她感到很安心，在那之前，已經連女兒還愛不愛自己，都有點不太確定。失去婚姻嚴重打擊到她的自信心，感到自己是非常不可愛、不值得被愛的；她變得很脆弱，一句無心的話就能挑起敏感神經，覺得自己被否定，因而引起很大的反彈。

她把女兒想念爸爸解讀為不愛媽媽了，這其實是在這種情況下常有的不理性的聯想，因為孩子對父母的愛是不衝突的，不需要比較、更無法爭寵。

藉由母女會談澄清了很多事，她們找到了有效的互動方法，也知道該如何去愛女兒，不能剝奪孩子處理自己情緒的機會。

她也坦承，對女兒在生活儀容方面變得有些挑剔，可能讓人覺得壓力很大。例如，催女兒去買新鞋，其實只是怕別人覺得女兒過得不好。她小時候班上就有一位同學，原本外表都乾乾淨淨的，但是父母離異後，沒人好好照顧，變得又髒又臭、很邋遢，時常被同學嘲笑。她很擔心自己的孩子也會被人瞧不起。

于小姐提到現在如果自己又替女兒做決定時，女兒會敢於提醒她不要替自己做決定，這讓她也感到輕鬆很多，因為女兒會坦白表達自己的需要了。這些過程讓她了解到，講出自己的感受有多麼重要。她以前不知道怎麼去和女兒聊這些事，但是透過專業的協助，現在終於清楚地知道彼此互動的有效方法，也看到彼此用新的方法，能夠很真誠地觸及對方的內心，營造出更令彼此滿意的關係。

原本于小姐一直有些顧忌而不願安排母子會談，現在她同意了。

母子會談

細膩感受孩子的需要

母子會談前的諮詢，我們討論到母子會談的方向，于小姐是個很尊重孩子的母親，表示自己沒有特定要談的主題，希望讓兒子決定；父女會談的部分，也完全尊重女兒的意願。

唯一的請求，就是希望開庭時，不要再把小孩叫到法庭，她不希望孩子目睹父母惡言相向的場面。

母子會談時，感覺到她不像跟女兒會談時那麼篤定，畢竟有一段時間沒有生活在一起，她不知道兒子現在的想法是什麼？

或許是因為在這樣的場合碰面，一開始時母子顯得有些生疏，媽媽先開口問自己生日沒收到兒子簡訊的事，讓她感覺是不是兒子不再愛她了。

「我不只忘記媽媽生日，其實也忘了爸爸的生日啊！」

這個回答果然讓她比較釋懷了！她知道孩子還是愛她，跟對待爸爸是一樣的。

兒子卻對自己忘記爸媽生日感到極為自責，覺得沒有做好該做的本分，讓大家難過了。他因為是男孩又是長子，覺得自己該要扛比較多的責任，尤其當下這個狀況，更該努力擔起維繫家庭的重責。

她馬上就看懂了孩子的自責和壓力，當場就告訴兒子：「如果聽到爸爸說我什麼，你也不需要為我辯護，真的沒有關係，媽媽不會在意的！你不要為這些小事為難自己。」

我非常佩服她能夠細膩地去感受孩子的情緒和需要，夾在正在進行離婚訴訟的父母之間的滋味，只有經歷過的人才會了解其間的種種為難。

于小姐能夠體認到孩子有效忠的壓力，與無法自由自在地表達「同樣愛雙方」的困難，讓我看到她越來越有能量，能夠採取積極作為協助孩子解除照顧大人的意圖，回到孩子的角色。顯然地，她越來越真實地體會到學會照顧自己很重要，因此也希望孩子要學會照顧自己。這種認知是維持身心健康（人生中）很核心的觀念。

坦誠無礙的母子溝通

母子倆就當初彼此為何做那樣的決定做了很坦白的表述，也陳述了今日生活的現狀及對其想法、感覺。兩人也就分開居住的這段時間裡發生的一些事件，詢問前因後果，以及澄清彼此心中有疙瘩的地方。這些難以啟齒的話題，只要是媽媽問到的，兒子都毫不逃避地回答，聽得出來他試圖避重就輕，以免引發父母間不愉快的情緒，還不時地用手安撫媽媽與傳達對她的情感。

他們母子的感情一向非常好，卻因為婚變造成母子的分離；顯然這樣的情景，讓兩人忍不住難過地掉下淚來，他們彼此擁抱，互相安慰打氣。我也非常佩服兒子的諮詢師，耐心陪伴不願談論家務的青春期男孩，在此時能對分居的母親展現這麼溫柔的關懷與體貼。

兩人也談到學校戲劇表演的點點滴滴，從于小姐興奮的口吻中，感受到她對兒子熱情參與學校活動感到放心與開心。兒子談到自己如何喜歡學校的同學及學校的活動，兒子的諮詢師就問他：「聽起來學校對你很重要囉？」兒子堅定地點了點頭。諮詢師希望父母能夠了解學校對身處這類困境的孩子來說，真的就是他們重新整裝待發的避風港。

會談中，我對兩人溝通時的坦誠與流暢印象深刻，足證這段分居的日子對過去溝通無礙的母子來說，是多麼地煎熬；也對兒子自覺身為長子有照顧父母及家庭的責任，感到無比尊敬。可以看出于小姐過去對於子女付出的心力，兒女都心領神會，她也給了孩子很多的支持和愛，所以當身為母親的她有需要時，孩子也像她一般地能夠回饋。

團隊原本的計畫是在父母親各自完成單方的親子會談後，能夠就親權的歸屬進行父母與家族的會談，因為時間的限制，最後的兩個會談沒有進行。我們評估，在這個家庭裡，一種新的了解與連結已悄悄形成，新的頓悟也慢慢發酵成新的能力。我們認為他們都有了表達自己的想法的勇氣與方法，他們應該能夠在法官與律師的協助下，做出最能符合這個家庭需要的決定。我們就為這近一年的關係，畫下了句點。

蛻變成更好的自己

期待2.0新版于美人

現在回頭看整個婚變事件歷程，我還是打從心裡佩服于小姐面對真實的自己的勇氣。諮詢的過程中，敏銳覺察自己的情緒起伏，從不迴避我的提問，也勇於跨入不熟悉的領域。另外，讓我最感動的是她對子女的愛與對其福祉的重視，幾乎每次的面談，話題總會繞到孩子們的身上，聽到很多親子間互動的點滴，在會談中見證了談話中彰顯的母愛與智慧。

她可以走得這麼穩，經歷挫折時並沒有被擊垮，反而能夠很有建設性、正面地看待事情，因而從中得到成長。這種正向思考的能力，我想跟她的成長過程有關，她的母親就是一個堅強、溫暖的女性，成為她人生中重要的支持；她也有很多朋友，提供好的建議；因為工作關係，她對心理學有一些涉獵，平時也閱讀很多書籍，讓她有足夠的能量去自我省思。

第一次見面時，她已經覺醒到自己要做出改變，提到要「升級為2.0新版本的于美人」。

偶爾在報章上看到有關于小姐一家人的新聞，看到她以不同於以往的方式處理，我知道，現在的她確實朝著「進化」這個方向前進。

短短一篇文字，無法細述這個家庭所經歷的痛苦，但這過程中我們看到于小姐如何勇敢面對一個危機，透過自己的成長，給她所愛的人空間去茁壯成熟。縱使未來生活還會起起伏伏，新的挑戰不知何時又會來臨，她的成長也有可能隨著起伏而進進退退，但我衷心祝福，也深信我所認識的于小姐能夠持續朝向不斷成長的自訂目標，勇敢前進。希望她的例子，能夠給正在經歷婚姻問題的人們，帶來一些勇氣、安慰與希望。

愛，永遠那麼濃

如果心理感冒了

婚變剛發生的時候，我認為可以靠自己的力量搞定整件事，反而是擔心兩個小孩需要幫忙。

我問他們說：「你們需不需要兒童心理諮商師，跟你們談一下？因為這個事情對你們來說，壓力有點大……」

沒想到兩個小孩比我更驕傲，不僅一副無所事事的態度，還異口同聲地回答我：「我們兩個又不是全世界唯一一對父母離婚的小孩。」

結果需要幫助的反而是我自己，因為當時的我不但嚴重失眠、心悸，還時常呼吸不過來，悲傷感很強烈，身邊的朋友看到我的狀況，也明白事情不太妙。

我的好朋友麥可建議我去看精神科，我說不要，我不想讓人家看到于美人去精神科就診。而且，我還很逞強地認為自己可以應付得來。

「我問妳，妳身體感冒了要不要看醫生？」麥可沒有繼續勸我，反而問了我這個問題。

「嗯，當然要啊。」

「那妳的心理感冒了，要不要看醫生？」

聽了麥可的第二個問題，我想了想後覺得「好像要耶」。他又說要幫我介紹一個醫生，不用到醫院去就診，可以直接到醫生的私人門診。既然解決了隱密性不夠的問題，我就坦然接受麥可的建議，按照約好的時間前往李醫師的診所。

沒想到，當我抵達所謂的「私人診所」，一看門口的招牌，居然大大地寫著「台灣自殺防治學會」！

我心想：「吼，是麥可瘋了吧！為什麼把我叫來這裡？我又沒有要自殺！」當下真不知道該氣還是該笑。

原來麥可介紹的李明濱醫師，不僅是台大精神科的醫師，也是自殺防治學會的理事長。

除了推薦我去看醫生，麥可還送了我幾個蛇造型的水晶，蛇是我的生肖，所以送我眼鏡蛇，希望以後我的眼睛要張大一點。

看到那些蛇，讓我覺得離婚更像是蛇蛻去了一整層皮，從心理到生理、從家庭到工作，全部都破壞殆盡，再緩慢地重建起來，只是這層皮脫得還真慢、真痛啊！

原來我有強迫型性格

提到李明濱醫師，他也是一個我要好好感謝的人，因為他「一語驚醒于美人」！

「來，現在有什麼症狀？怎麼了？」一見到李醫師，他立刻就開始問診。我隨即把婚變發生以來所遭遇的困難與壓力，一一陳述。李醫師聽完之後，只開口問了我幾個問題。

「所以妳處事很明快？」（是啊，做事情就是要快啊。）

「所以妳是一個希望追求比較圓滿的人？要方方面面都顧慮到？」（對啊。）

「而且妳是一個非常有節奏感的人，如果一旦事情發展沒有按照妳的節奏，妳就會非常不舒服。」（點頭如搗蒜。）

「妳還是一個很努力奮發、積極向上的人？」

對李醫師所問的話連番同意到此，我終於提出疑問：「這不是應該被歌頌的性格嗎？你什麼意思？」

「但是，過了頭的話，我們通常稱之為強迫型性格。」

聽到這句話，我宛如當頭棒喝、恍然大悟！原來我有強迫性格卻不自知，所以我常常沒有耐心去等待別人，總是急急火火地幫大家做好所有的決定。我沒想到，當事情不照我的節奏的時候，我的身心靈反應會這麼大；也沒有去想，當事情要照我的節奏走的時候，是需要別人多少忍讓、忍耐，是多少人來成全我的。

這對我而言是一個天大的發現，或許我的婚姻走到這步田地，也跟我的個性有著重大的關係，前夫跟我的節奏感真的不一樣，我也不曾停下來去觀察他的節奏感。

記得有一次跟James去吃飯，我點了牛肉麵，他也點牛肉麵。我說：「不行！你點炒飯。萬一牛肉麵不好吃，我們還有炒飯可以吃。」從這件事就可以看得出來，我是一個多麼霸道的女人，而對方是比較配合性格的人。但到後來他也不願意配合，讓我覺得很不舒服，卻沒想到他已經忍耐了很多年。

其實無形之中，我也造就了一個不做決定的男人，因為他做決定太慢，點個菜要半小時，他應該找一個和他步調相同，而且可以配合他節奏感的人。

看診完後，李醫師開了藥給我，但我卻覺得，李醫師的話比他的藥更有效。

而且我也轉了念，覺得自己應該要改變，如果還是照以前的方式來處理事情，只會導致跟現在一樣失敗的結果，既然離婚這件事無法照我所希望的節奏進行，那我就停下腳步來吧！我要自己耐心地等待，最後等待了兩個月，終於換來雙方都能接受的結果。

從這場婚變中我也學習到，很多時候我覺得這樣做比較快，遇到對方不聽的時候，我應該先停下來，問問對方有什麼想法？以前我會說：「好！那我來解決。」但解決方法也沒有比較好。現在我懂得尊重別人了，常常可以得到很多不同的建議。

與孩子一起面對內心的感受

因為這次婚變，我經歷了很多可能，不論是心理醫師或諮商師，都幫助我重新探索、認識了自己，這是我以前從來不會想到的事情。

當初負責審理我的案件的藍家偉法官，在看了私闖事件的錄影畫面之後，他覺得孩子在父母的婚變風暴中受傷了，因此提出請我們接受諮商的要求；而諮商師的報告，也會幫助法官判斷這段婚姻還要不要挽回。

藍法官在法院說：「如果父母離婚的過程中，小孩有得到幫忙，過得去就是磨練，過不去就是創傷。」

既然我與小孩都要去諮商，於是我們提出了對方也要去諮商的請求，雖然不知道對前夫是否有幫助，但這段諮商的經歷，對我的幫助的確非常大。

起初兩個小孩跟我一樣，不太願意去諮商，我只好搬出「這是法院規定的」，他們才乖乖配合，結果也正如宋老師所描述的，我們母女、母子都對雙方說出了心裡的感受。

所有離婚的父母與小孩之間，都會面臨到一個過程，就是親子雙方都對表達感受懷有恐懼；因為離婚，父母的內心已經覺得對不起小孩了，所以更不敢在言語上面去碰觸小孩的內心。

我跟女兒是這麼緊密地結合在一起，但我們還是沒有把心裡面的話跟對方說，因為我們沒有方法，而且我們自己也有情緒，所以總是在最安全的範圍內互動，雙方都怕再傷害對方，因此也沒辦法察覺到對方真正的感受。

記得在商議監護權時，雖然我希望他們兄妹可以在一起，但還是決定尊重小孩自己的選擇，那時兒子說：「讓妹妹先選，妹妹選爸爸，我就選妳；妹妹選媽媽，我就選爸爸。」他覺得一人一個比較公平，而且他覺得爸爸也需要他。

此刻我才深深感受到，我的兒子一直在扮演大人的角色，他是如此體貼地考慮到父母的感受。

女兒知道哥哥的決定，就問我：「是不是很難過他沒選妳？」我心裡確實很難過，但我也沒有掩飾，很誠實地告訴她：「是啊，可是我也很謝謝妳選了我。」

除了與小孩的溝通部分，在諮商過程中，宋老師也發現我與前夫的偌大差距。

宋老師跟對方的諮商師也聊過，她說我們兩個人的差距真的很大，因為我們兩個人所需要的，跟我們兩個人給對方的東西都不一樣。

老師說，我是一個需要非常多非常多愛的人，而James是一個需要非常多非常多的尊重及耐心的人；但結果是，他給了我尊重，卻給不了我愛，而我也給不了他尊重跟耐心。

其實很多以為自己能把事情搞好的女人，她的內心是非常非常渴望愛的，不僅僅只是愛，更是寵愛，可是誰會寵愛一個兇巴巴又沒耐心的女人呢？所以隔閡自然越來越大。

我真的很感謝藍法官安排我和小孩去做諮商，這也讓我理解，其實走上法庭，不全然如想像中那麼可怕，有了法院的資源，反而可以提供許多支持，否則一般人怎麼會知道去哪裡找這麼專業的諮商師呢？

即使在離婚判決後，你還是會需要很多協助，不是冰冷冷的法條判完，一切混亂就會結束、傷口就會癒合；在法庭之外，還有好多事情仍然是你必須面臨的。

與過去告別的方式

自從跟女兒同住之後，我發現了她很多細心、貼心的地方，也發現她是個非常懂事、有自己想法的獨特小孩。而且，我從我跟女兒之間的關係，彷彿也看見我跟媽媽的關係，更讓我體會到，兩代之間的母女在相處溝通上有什麼不一樣的地方。

要搬到新家的時候，女兒跟我大吵了一架。

整理東西時，女兒一直板著臉，我就問她：「有這麼好的房子住，為何不開心？」

原來是因為我一直催她打包整理，還要她丟東西。我丟東西的原則，就是想想她未來的婚禮錄影帶會不會用得到。某些我認為不重要的東西，就把它給丟了，某些我知道是女兒心愛的東西，就會幫她收起來。

但女兒對我說：「妳不要幫我決定哪些東西對我重要。」她告訴我，要給她時間。她也知道新家更好，但是，她離開一個房子是要有過程的，離開一個熟悉的地方是需要時間的。

我當下很訝異，搬家就搬家，有這麼麻煩嗎？後來冷靜想想，這是因為我們生命經驗非常不同的關係。我從小居無定所，那時我問媽媽：「我們家在哪？」她說：「媽在哪，家就在哪。」這句話，後來也成為我的名言。

我認為不重要，就隨意把女兒的東西丟了；我媽認為不重要，也曾隨意把我的東西丟了，所以我跟女兒吵架，我跟我媽吵架，原來每個人認為重要的東西都不一樣。

「每個人都有自己跟過去告別的方式，必須尊重。」這是我的體悟。

搬離一起生活五年的家，這個房子裡有太多共同的生活記憶，所以我丟了很多東西，好像把過去清乾淨一樣，因為，我沒有不能割捨的東西了，尤其是身外之物。

我還清出二十幾歲時買的銀器和銀盤，當時我嚮往嫁給外交官，腦袋裡充滿少女的夢幻，沒想到二十幾年都沒拿出來用過一次。

搬家之後，有一天女兒告訴我：「妳知道嗎？我這一個月都是坐計程車回家的。」

她省下零用錢，跟住在新家附近的同學分攤車資，因為她不想搭校車，怕經過舊家觸景傷情。

我竟然養到這麼外冷內熱的小孩，但沒辦法，她會想念以前照顧過她的保母阿姨，還有好多生活回憶被勾起，會很難過。

原來，女兒也有著她無法割捨的失落，也需要時間來走出屬於她的傷痛。

我最近花很多時間陪女兒，我們有一個共同的大書桌，她的房間沒有書桌，她寫功課時我就在一邊看書。我知道，陪伴就是最好的支持，與其說是我陪伴著她，不如說是她陪伴著我。

我很感謝自己有著一雙這麼好、這麼懂事的兒女，希望他們也能知道，不論媽媽是否每天都陪伴在他們的身邊，我對他們的愛，永遠都是那麼多、那麼深、那麼濃。

〔後記〕

學習，愛自己

寫這本書，對我而言是一段療癒並帶領自己走向復元的過程，每隔一段時間重新檢視自己的內心，或是閱讀朋友們對婚變過往的描述，都還是會令我不自覺地淚流不止。原來，那段時間的于美人是如此脆弱、如此充滿了情緒；原來，現在的自己從過往的歷程中得到了那麼多成長。

「愛自己」，是我最深刻的體悟。很多人都會講「愛自己」，可是不知道該怎麼去做，也不知道要怎麼學習？

有一些女孩，特別是像我這樣在沒有任何資源的環境下長大的人，往往不相信自己可以平白無故地得到愛，總認為一定要努力付出、先對別人好，才能換到愛。如果你覺得自己不值得被愛，那我拜託你，多喜歡自己一點吧！你要人家多愛你，就要多愛你自己。他會投射你愛自己的量，所以你愛自己百分之八十，那個人就會回饋給你百分之八十。

或許有的人會說：「我明明那麼愛他，但對方卻只給我百分之二十的愛，為什麼不給我多一點呢？」那是因為，你只愛對方，沒有愛你自己。換一個說法就是愛自己就是把裝載愛的容器（空間）做大。愛自己很少，你能裝愛的空間就只能是淺碟，別人給不了你太多，超過這個碟子的都會滿出來、留不住。愛自己很多，你能裝愛的空間就成了海碗，別人才有空間愛你。

讓自己的心有溫暖，就是愛自己。你不需要為了討好別人，而去為他們做許多事，因為那可能阻礙了他們的成長，也讓你吃力不討好。當你試著多重視自己一些、好好珍惜、尊重自己，對方自然會感受到你的能量。

愛自己是需要經過學習的；此時此刻，我很感恩前夫來到我的生命之中，因為我明白，他是帶著教化而來。如果我沒有心存感恩、放下怨恨的話，這章功課就沒有辦法完成，勢必得重新再來。將來，不管我再遇到任何人，都會遇到同樣的難題。但是，當我終於學會了愛自己，他就真的走出了我的生命，而我也獲得了真正的自由。

感謝

離婚快兩年了，很多人看到我都恭喜我這麼快就恢復了，讚美我的堅強與勇氣，其實我不是靠自己走出來的，我最大的幸運是有那麼多的朋友和公司員工的幫忙，這些朋友或許緣分深淺不一樣，但我的感謝是沒有分別心的，感謝你們在每一段路的陪伴與支持，謝謝你們。

首先感謝M小姐和H先生，你們一直是照亮我黑暗隧道的光。

感謝我的前任秘書玉萍，她陪我一次又一次的進出法院，陪Max連續兩週每天去打針，我的新家裝潢也是她去張羅。在我最軟弱時，她幫我扛起了所有人情世故的應對。

感謝我的司機洪大哥和老朋友財哥夫司機。

感謝公司的韋彤和小燕、小黑幫我應付網路的攻擊，還有陳姐和米奇、馬兒、家齊堅定的相挺。

志鴻更是打死不退的好夥伴。

還有隨傳隨到的易君，要應付那些緊迫盯人的記者和狗仔。

還要感謝廣告代言廠商的不離不棄，康柏的王總、正新氣密窗的劉小姐、瑞康的蔡總、耐斯566的邱副總、巨匠電腦的詣蕎以及東尼寢具的諸多好友們。

感謝豆油伯的Lulu，還有雲林的阿姨和姨丈。

感謝肥到深處無怨油的徐天麟，他堅持美食療傷法，所以特地帶我去香港吃喝了三天，一天吃五餐也沒胖，因為一吃完就回飯店下跪（下跪減肥法）。

感謝做好事小組的吳恩文、許心怡、小潘潘、蓉蓉姐和Lily，公益蛋糕沒有因為我婚變而停擺，謝謝他們的鼓勵與扶持。

謝謝我的鄰居練叔叔，給予我的開導和幫忙。

感謝馬西屏大哥和鍾年晃、王瑞玲對我的仗義。

感謝何姊（何琇瓊）好幾次特地從大陸回來給我打氣。

一定還有很多疏漏之處，敬祈見諒。I Love You All。

國家圖書館出版品預行編目資料

放手，是最好的祝福 / 于美人 著 --- 初版.-- 臺北市：
平裝本．2015.9 面；公分（平裝本叢書；第414種）
（iCON；39）
ISBN 978-957-803-979-7（平裝）

1. 離婚 2. 生活指導

544.361　　104016246

平裝本叢書第414種
iCON 39

放手，是最好的祝福

作　　者—于美人
發 行 人—平雲
出版發行—平裝本出版有限公司
台北市敦化北路120巷50號
電話◎02-2716-8888
郵撥帳號◎18999606號
皇冠出版社（香港）有限公司
香港上環文咸東街50號寶恒商業中心
23樓2301-3室
電話◎2529-1778　傳真◎2527-0904
總 編 輯—龔槵甄
責任編輯—許婷婷
美術設計—王瓊瑤
著作完成日期—2015年7月
初版一刷日期—2015年9月
初版七刷日期—2020年11月
法律顧問—王惠光律師

讀者服務傳真專線◎02-27150507
電腦編號◎417039
ISBN◎978-957-803-979-7
Printed in Taiwan
本書定價◎新台幣280元 / 港幣93元